우리나라 최초의 에스페란토 강습자료
(에스페란토 이해와 학습)

안서 김억과 함께하는
에스페란토 수업

안서 김억의 에스페란토 자습실
- 1922.9~12(잡지 개벽 연재)

우리나라 최초의 에스페란토 강습자료
(에스페란토 이해와 학습)

안서 김억과 함께하는
에스페란토 수업

오태영 엮음

진달래 출판사

안서 김억과 함께하는 에스페란토 수업

인　쇄 : 2021년 5월 15일 초판 1쇄
발　행 : 2022년 4월 15일 초판 3쇄
엮은이 : 오태영
펴낸이 : 오태영
출판사 : 진달래
신고 번호 : 제25100-2020-000085호
신고 일자 : 2020.10.29
주　소 : 서울시 구로구 부일로 985, 101호
전　화 : 02-2688-1561
팩　스 : 0504-200-1561
이메일 : 5morning@naver.com
인쇄소 : TECH D & P(마포구)

값 : 13,000원
ISBN : 979-11-91643-02-2 (03790)

목 차

안서 김억의 에스페란토 자습실

《문자와 발음 (alfabeto)》
문자는 28자입니다.

- 문자와 명칭

A 아 F 쁘 J 요 O 오 U 우
B 보 G 끄 Ĵ 조 P 포 Ŭ 우오
C 쪼 Ĝ 쪼 K 코 R 으로 V 앺
Ĉ 취오 H 호 L 로 S 쏘 Z 쯔
D 도 Ĥ ㅋ호 M 모 Ŝ 쉬오
E 에 I 이 N 노 T 토

A, B, C와 같은 큰 문자는 보통 글의 첫머리와 고유
명사의 첫머리에만 쓰는 것은 다른 외국어와 같습니
다. 그리고 대정소정, 대초소초[1]의 네 가지 문체가 있
는 것도 다름이 없습니다.
영어에 A를 '에이'라고 부르는 것과 같이,
에스페란토에서는 A를 '아', B를 '보'라고 부릅니다.
모음. Vokalo (모음)는 5종인데 한글보다(ㅏㅓㅗㅜㅡ
ㅣ) 하나가 적습니다. 지금 우리말의 모음 또는 자음
과 대조하여 보면;
A(ㅏ) E(ㅔ) I(ㅣ) O(ㅗ) U(ㅜ)입니다. 하고

---

[1] 대문자 인쇄체와 소문자 인쇄체, 대문자 흘림체와
소문자 흘림체

자음 (Konsonanto)은 B(ㅂ) C(ᅉ) Ĉ(ㅊㅜ) D(ㄷ) F (ㅍ) G(ᅁ) Ĝ(ㅉ) H(ㅎ) Ĥ(ㅋㅎ) J(ㅣ) Ĵ(ㅈ) K(ㅋ) L(ㄹ) M(ㅁ) N(ㄴ) P(ㅍ) R(ㅇㄹ) S(ㅆ) Ŝ(ㅅㅜㅣ) T(ㅌ) Ŭ (ㅜ) V(ᅄ) z(ㅈ)입니다.

그런데 이 가운데 G(ᅁ)는 ‘ㄱ’의 후음. F(ᅋ)는 ‘ㅍ’의 치음, V(ᅄ)는 ‘ㅂ’의 치음. Z(ᅈ)는 ‘ㅈ’의 치음. R(으 ㄹ)은 ‘ㄹ’의 구르는 음 Ĥ(ㅋㅎ)는 ‘ㅋ’와 ‘ㅎ’의 후음으로 독일어의 ch음과 같습니다(Doch2)).

J와 Ŭ는 자음, U와 I는 모음입니다. 모음은 모음과, 자음은 자음과 합할 수 없습니다.

Ju는 (ㅣ와ㅜ) 자음과 모음이기에 합하여 ‘유’

Iu는 (ㅣ와ㅜ) 모음과 모음이기에 합하지 못하고 ‘이우’

Tu는 (ㅌ와ㅜ) 자음과 모음이기에 합하여 ‘투’

Kiam(ㅋㅣ.ㅏㅁ)키암.

Esperanto(ㅔ.ㅆ.ㅍㅔ.ㄹㅏㄴ.ㅌㅗ)에쓰페란토.

Antaŭ (ㅏㄴ.ㅌㅏㅜ) 안타우.

Sekve(ㅆㅔ.ㅋ.ᅄ ㅔ)쎄크ᅄᅦ Honesta(ㅎㅗ.ㄴㅔ.ㅆ.ㅌㅏ)호네쓰타. Tamen(ㅌㅏ.ㅁㅔㄴ)타멘. Verda(ᅄ ㅔ.—ㄹ.다)ᅄᅦ—ㄹ다 Nek(ㄴㅔㅋ)네크. Estanta(ㅔ.ㅆ.ㅌㅏㄴ.ㅌㅏ)에쓰탄타 Ĝisnun(ㅉㅣ.ㅆ-ㄴㅜㄴ)찌쓰눈.

Malgraŭ(ㅁㅏㄹ.ᅁ .—ㄹㅏ.ㅜ)말ᅁᅳ라우3).

Neĝo(ㄴㅔ.ㅉㅗ)네쪼. Viajn(ᅄ ㅣ.ㅏ.ㅣㄴ)ᅄᅵ아인.

Ĉu(ㅊㅜㅣㅜ)취우. Homo(ㅎㅗ.ㅁㅗ)호모.

---

2) IPA로는 [ç]음이다.

3) 원) 말ᅁᅳ드라우.

Eĉ(ㅔ.ㅊㅜㅣ)에취. Hundo(ㅎㅜㄴ.ㄷㅗ)훈도.

Sen(ㅆㅔㄴ)쎈. Piedo(ㅍㅣ.ㅔ.ㄷㅗ)피에도.

Ĉar(ㅊㅜㅣㅏ.ㅡㄹ)취아으르 Koro(ㅋㅗ.ㅡㄹㅗ)코으로.

Ĝis(ㅉㅣ.ㅆ)ㅅ지쓰. Domo(ㄷㅗ.ㅁㅗ)도모.

Ĵus(ㅈㅜ.ㅆㅡ)주쓰. Tablo(ㅌㅏ.ㅂ.ㄹㅗ)타브로.

Dum(ㄷㅜㅁ)둠. Scio(ㅆ.ㅊㅣ.ㅗ)쓰ㅊㅣ오.

Sed(ㅆㅔ.ㄷ)쎄드. Koreo(ㅋㅗ.ㅡㄹㅔ.ㅗ)코으레오.

Sub(ㅆㅜ.ㅂ)쑤브 Ĝojo(ㅉㅗ.ㅣㅗ⁴⁾)쪼요.

For(ᵒᵉㅗ.ㅡㄹ)뽀으르. Ĉielo(ㅊㅜㅣ.ㅔ.ㄹㅗ)취에로.

Tra(ㅌ.ㅡㄹㅏ)트으라. Taga(ㅌㅏ.ᵒᵍㅏ)타ᵒᵍ아.

Trans(ㅌ.ㅡㄹㅏㄴ.ㅆ)트으란쓰. Papero(ㅍㅏ.ㅍㅔ.ㅡㄹㅗ)파페으로. Sia(ㅆㅣ.ㅏ)씨아. Ŝia(ㅅㅜㅣ.ㅏ)쉬아.

Gento(ᵒᵍㅔㄴ.ㅌㅗ)ᵒᵍㅔㄴ토. Rajdi(ㅡㄹㅏ.ㅣ.ㄷㅣ)으라이디

Ŝuo(ㅅㅜㅣㅜ.ㅗ)쉬우오. Signi(ㅆㅣ.ᵒᵍ.ㄴㅣ)씨으니.

Plej(ㅍ.ㄹㅔ.ㅣ)프레이. Tuja(ㅌㅜ.ㅣㅏ)투야.

Vesto(ᵒᵉㅔ.ㅆ.ㅌㅗ)뻬쓰토. Kaj(ㅋㅏ.ㅣ)카이.

Horo(ㅎㅗ.ㅡㄹㅗ)호으로.

Veŝto(ᵒᵉㅔ.ㅅㅜㅣ.ㅌㅗ)뻬쉬토.

Tuj(ㅌㅜ.ㅣ)투이. Sumo(ㅆㅜ.ㅁㅗ)쑤모.

Stelo(ㅆ.ㅌㅔ.ㄹㅗ)쓰테로. Naŭ(ㄴㅏ.ㅜ)나우

Zumi(ᵒᵡㅜ.ㅁㅣ)쮸미. Ŝteli(ㅅㅜㅣ.ㅌㅔ.ㄹㅣ)쉬테리.

Paŭlo(ㅍㅏ.ㅜ.ㄹㅗ)파우로. Filo(ᵒᵉㅣ.ㄹㅗ)삐로.

Azeno(ㅏ.ᵒᵡㅔ.ㄴㅗ)아ᵒᵡ에노.

Laŭdi(ㄹㅏ.ㅜ.ㄷㅣ)라우디. Peco(ㅍㅔ.ᵒᵡㅗ)페쪽.

---

4) ㅉㅜ.ㅣㅗ

Feino(ㅃ ㅔ.ㅣ.ㄴㅗ)쀄이노.
Bonajn(ㅂㅗ.ㄴㅏ.ㅣㄴ)보나인 Naĝi(ㄴㅏ.ㅉㅣ)나찌.
Ĥemio(ㅋㅎㅔ.ㅁㅣ.ㅗ)ㅋ헤미오.
Ĉirkaŭ(ㅊㅜㅣ.ㅡㄹ.ㅋㅏ.ㅜ)취으르카우.
Paĝo(ㅍㅏ.ㅉㅗ)파쪼.
Eterna(ㅔ.ㅌㅔ.ㅡㄹ.ㄴㅏ)에테으르나.
Veino(ㅃ ㅔ.ㅣ.ㄴㅗ)뻬이노. Gusto(ㅇㄱ ㅜ.ㅆ.ㅌㅗ)우쓰토.
Eĉ(ㅔ.ㅊ)에ㅊ. Aŭ(ㅏ.ㅜ)아우.
Ĝusta(ㅉㅜ.ㅆ.ㅌㅏ)쭈쓰타. Eks(ㅔ.ㅋ.ㅆ)에크쓰.
Dek(ㅅㄷㅔ.ㅋ)쩨크.
Tŭ는 (ㅌ와ㅜ) 자음과 자음이기에 발음치 못합니다.
받침. 자음 중에 받침이 되는 것은 L(ㄹ), M(ㅁ), N (ㄴ)의 세 가지가 있습니다.
Kalkulo(ㅋㅏ ㄹ.ㅋㅜ.ㄹㅗ)칼쿠로,
Kampo(ㅋㅏ ㅁ.ㅍㅗ) 캄포, Kanto(ㅋㅏ ㄴ.ㅌㅗ)칸토와 같습니다.
자음과 자음. 자음과 자음이 서로 만나면 무엇이라고 발음할 수가 없으므로 모음 'ㅡ'를 넣어 소리를 냅니다. Libro(ㄹㅣ.ㅂ.ㅡㄹㅗ)의 'ㅂ'를 무엇이라고 소리를 낼 수가 없어 'ㅡ'를 넣어 '브'로 발음을 하며, 또 Kantas(ㅋㅏ ㄴ.ㅌㅏ.ㅆ)의 'ㅆ'도 소리 낼 수가 없어 '쓰'라고 소리를 냅니다. 이것은 어떠한 환경에서나 그렇습니다.
지금 에스페란토의 자모음을 합하여 보면;
Ba(ㅂㅏ)바 Fa(ㅃ ㅏ)빠 Ĥa(ㅋㅎㅏ)ㅋ하 La(ㄹㅏ)라
Ra(ㅡㄹㅏ)으라 Ca(ㅉ ㅏ)짜 Ga(ㅇㄱ ㅏ)가 Ja(ㅣㅏ)야

Ma(ㅁㅏ)마 Sa(ㅆㅏ)싸 Ĉa(ㅊㅜㅣㅏ)취아 Ĝa(ㅉㅏ)짜
Ĵa(ㅈㅏ)자 Na(ㄴㅏ)나 Ŝa(ㅅㅜㅣㅏ)쉬아 Da(ㄷㅏ)다
Ha(ㅎㅏ)하 Ka(ㅋㅏ)카 Pa(ㅍㅏ)파 Ta(ㅌㅏ)타
Ŭa(ㅜㅏ)와 Va(ㅹㅏ)빠 Za(ㅾㅏ)짜

그리고 다시 써보면 :

마(maㅁㅏ) 모(moㅁㅗ) 므(mu뿐이요 ㅡ가 없습니다)
먀(mjaㅁㅣㅏ) 묘(mjoㅁㅣㅗ) 미(miㅁㅣ) 머(meㅁㅔ)
무(muㅁㅜ) 며(mieㅁㅣㅔ) 뮤(miuㅁㅣㅜ)

'머'와 '며'가 없고 '메'와 '몌'가 있습니다, 하고 '므'도 없습니다, 만은 M으로 쓸 수가 있습니다.

그것은 말할 것 없이 완전한 음은 못되나, '므'로 쓸 수가 있습니다.

발음 연습

Printempo 프으린템포. Johano 요하노. Avinjo 아삔요. Somero 쏘메으로.

Henriko 헨으리코. Plie 프리에. Aŭruno 아우루노. Kondicionala 콘디ᅟ쯔ᅵ오나라.

Ŝpari 쉬파으리. Vintro 삔트으ㄹ. Jungi 윤이. Troe 트으로에.

Strato 쓰트으라토. Junĝi 윤찌. Ruino 으루이노. Hirundo 히으룬도.

Ŝanĝi 쉬안찌. Adiaŭ 아디아우. Ĵaŭdo 자우도. Packapo 파쯔카포.

Tamen 타멘. Hieraŭ 히에으라우 Pfano 프빠노. Kio 키오.

Morgaŭ 모으르까우. Vojiras 왠이이으라쓰.
Ĉiam 취암. Ĝardeno 싸으르데노.
Meze 메ᄍ. Ĉie 취에. Trafi 트으라삐. Kune 쿠네.
Ĉiu 취우.

발음 연습 / 이것을 발음하기 바랍니다.
Feliĉaj estas la malriĉaj en spirito, ĉar ilia
estas la regno de la ĉielo. Feliĉaj estas la
plorantoj, ĉar ili estos konsilitaj. Feliĉaj estas la
mildaj, ĉar ili heredos la teron. Feliĉaj estas
tiuj, kiuj malsatas kaj soifas justecon, ĉar ili
estas satiĝantaj. Feliĉaj estas la kompatemaj,
ĉar ili ricevos kompaton. Feliĉaj estas la kore
puraj, ĉar ili vidos Dion. Feliĉaj estas la
pacigantoj, ĉar ili filoj de Dio estos nomataj.
Ĝoju kaj raviĝu, ĉar via rekompenco estos
granda en la ĉielo, ĉar tiel oni persekutis la
profetojn, kiuj estis antaŭ vi.(마5:3~9, 12)

이만한 발음으로 만족하고 이제부터는 문법으로 들어
가겠습니다. 발음으로 말하면 1음 1자, 1자 1음. 쓴
대로 소리 내고, 소리난 대로 쓰면 그만입니다.
그러하고 척음5)(Akcento)은 언제든지 마지막으로 둘
째 되는 모음에 있습니다.

---

5) 揚音 : 들소리, 악센트

Fran'co Printem'po Internaci'a Vei'no Sinjo'ro On'do Pa'laj Some'ro Pa'tro Ma'jo

Pa'la Ho'mo Sen'to Bal'daŭ Kurte'no Pul'mo Ku'ras Hun'do Adi'aŭ Bala'u Tro'e ko'nas.

(주의) j, ŭ와 같은 것은 모음이 아니기 때문에 척음을 붙이지 못합니다.

《문 법 (Gramatiko)》

1. 명사(Nomo 또는 Substantivo)의 어미는 O로 끝납니다

명사라는 것은 사람, 사물, 또는 여러 가지의 이름을 이름이니, 사람, 나라, 산, 강, 집, 물, 새, 공기, 하늘과 같은 것입니다.

Homo 사람 Domo 집 Floro 꽃 Mono 돈 Inko 잉크
Lando 나라 Birdo 새 Hundo 개 Knabo 少年
Amo 愛 Piedo 足 Rivero 江 Kato 고양이 patro 父
Amiko 友 Plumo 鉛筆 Monto 山 Akvo 물
Frato 兄弟 Mano 手 Okulo 目 Libro 冊 Nazo 코
Tero 地 Haro 髮.

2. 어근과 어미

어근은 불변, 어미는 항상입니다.

조선 말에 '간다'라는 말을 보면 간다, 갔다, 가겠다, 간 사람, 가는 사람, 갈 사람, 가기와 같은 변화가 있습니다. 그러나 '가' 하나는 변치 아니합니다. 그 변치

아니하는 '가'를 가리켜 어근이라고 하며, 그 변하는바 ㄴ다, 쓰다, 겠다, ㄴ, 는, ㄹ, 기와 같은 것은 어미라고 합니다. 이처럼 에스페란토에 Homo라고 하면 hom은 변치 아니하는 어근이며, 그 밖의 것들은 다 어미입니다. 이러한 의미로 명사의 어미가 O로 끝나는 것입니다.

am'o, flor'o, naz'o, libr'o, kat'o, ink'o, man'o의 ' 들은 어근과 어미를 표한 것입니다.

3. 형용사(Adjektivo)는 어미가 A로 끝납니다

형용사라는 것은 명사의 성질, 장[6]을 형용하는 것입니다. 높은, 고운, 긴, 흰, 검은, 큰, 짧은, 낮은, 붉은 것과 같은 것입니다.

우리말의 순전한 형용사에는 반드시 '은' 'ㄴ' '는'의 어미가 붙습니다.

Longa 長(긴), Granda 큰, Blua 푸른, ruĝa 붉은, Nova 새로운, Juna 젊은, Malluma 어두운, Bona 좋은, Pura 깨끗한, Blanka 흰, Bela 고운, Multa 많은, Alta 높은, Nigra 검은, Larĝa 넓은, Malbona 악한.

(부기) 형용사는 명사의 전후 어떤 곳에 두어도 의미가 같습니다.

Ruĝa floro 붉은 꽃. Nigra homo 검은 사람.
Floro ruĝa 붉은 꽃. Homo nigra 검은 사람.

---

6) 맨 앞의 장(狀)만 읽을 수 있다.

4. 단수와 복수(Ununombro kaj Multnombro)

우리말에는 수에 대한 개념이 적어 '사람이 왔다'하면 한 사람이 왔는지, 여러 사람이 왔는지 모릅니다, 만은 서양 말에는 일일이 수를 말하여 하나일 때에는 단수, 둘 이상 되는 때에는 복수 됨을 표합니다. 한데 단수에는 그대로 붙고, 복수에는 어미 J가 붙습니다.

Hundo 개(한 마리) 단수. Homo 사람(한 사람) 단수. Hundoj 개들(두 마리 이상) 복수. Homoj 사람들(두 사람 이상) 복수.

5. 복수형용사

형용사가 복수명사를 형용할 때에는 J를 붙여 써 그 관계를 밝힙니다.

ruĝa floro 붉은 꽃 (한 송이) 단수.
Ruĝaj floroj 붉은 꽃들 (두 송이 이상) 복수.
한데 아래와 같은 것이 있습니다.

 (A) Bela floro kaj kato 고운 꽃과 고양이 (꽃만이 美, 고양이는 不知)

 (B) Belaj floro kaj kato 고운 꽃과 고운 고양이 (兩方이 다 고운 꽃)

이것을 수학식으로 만들어보면 (A)는 A×B+C, (B)는 A×(B+C) 한 것과 같습니다.

Mi 나(我) Estas 있다(有) Ni 우리(我等) Juna (젊은)

 (A) Mi estas juna homo. Mi=juna homo / 나는 젊은 사람이다.

 (B) Mi estas juna. / Homo를 約하고 쓴 말인데

뜻은 같습니다.

(C) Ni estas junaj homoj. Ni=junaj homoj. 우리들은 젊은 사람이다.

(D) Ni estas junaj. / Homoj를 約한 말로 그 뜻은 같습니다.

(해설) Ni우리들이기 때문에 homoj가 되고 따라서 junaj가 되었습니다.

한데 형용사의 용법에 두 가지가 있습니다.

제 1용법 : 젊은 사람. 즉 Juna homo.

제 2용법 : 사람이 젊다. 즉 Homo estas juna.

제 1용법의 Juna homo는 형용사가 명사 위에 있는 경우입니다. 만은 제 2용법의 Homo estas juna는 형용사가 동사와 같이 명사를 설명형용하는 경우입니다. 이런 때에는 다시 말하면 '산이 높다', '꽃이 희다'와 같이 '높다' '희다'가 되어 명사를 형용할 때에는 반드시 estas(있다)를 쓰지 아니하면 아니됩니다. Bela floro, floro bela는 고운 꽃의 뜻이오, 꽃이 곱다의 뜻은 아닙니다. Floro estas bela라고 써야 비로소 '곱다'의 뜻이 됩니다. 언제나 이 모양으로 쓰면 그만입니다.

Ruĝa inko 붉은 잉크. Blanka domo 흰 집.

Inko estas ruĝa 잉크가 붉다.

Domo estas blanka 집이 희다.

Altaj Montoj 높은 산들. Puraj manoj 깨끗한 손들.

Montoj estas altaj 산들이 높다.

Manoj estas puraj. 손들이 깨끗하다.

6. 인칭대명사(Pronomo)라는 것은 이름, 명사를 부르는 대신에 쓰는 것입니다

구분	단수			복수
	남성	여성	중성	
1인칭	mi (나) 我			ni 우리
2인칭	vi (ci) (너) 汝			vi 너희
3인칭	ŝi 그여자	li 그이	ĝi 그것	ili 그들

(부기) 나, 저, 이 사람, 본인, 소인과 같은 것도 다 Mi라고 쓰면 그만입니다. Vi도 역시 너, 형, 노형, 당신, 이놈 대신에 씁니다.

Vi estas juna homo 그대는 젊은 사람이오.

Vi estas junaj 그대는 젊다. (homoj를 約함이 보통)

Vi estas junaj homoj

그대들은 젊은 사람들이오.

Vi estas junaj 그대들은 젊었다.

(homoj를 約한 것.) 그대들이니까 복수입니다. 따라서 Junaj라고 하였습니다.

소유대명사에는 어미a를 붙입니다. 조선 말에 '나의 책' '그대의 붓'의 '의'가 붙어 소유를 表하는 것입니다. mia 나의, via 그대의, nia 우리의, via 그대들의, lia 그 사람의, ŝia 그 여자의, ĝia 그 것의, ilia 그 사람들의, 그것들의.

mia libro 나의 책 via inko 그대의 잉크 lia amiko 그 이의 벗. nia domo 우리의 집 via inko 그대들의 잉크 ŝia amiko 그 여자의 벗.

ĝiaj dentoj 그것들의 齒(복수) iliaj arbo 그들의 나무 (단수) (공유)

7. 동사 (Verbo)라는 것은 사물의 동작과 대응을 보이는 것입니다

우리말에 있다, 쓴다, 잔다, 노래한다와 같은 것입니다. 동사 본래의 어미는 I로 끝납니다. 이 동사는 용법이 결정(決定)적이 아니기 때문에 부정법이라고 합니다.

Kanti 노래하다, 노래하기. Manĝi 먹다, 먹기.

Veni 오다, 오기. Skribi 쓰다, 쓰기.

Paroli 말하다, 말하기. Iri 가다, 가기

Kuri 달아나다, 달아나기. Doni 주다, 주기.

다시 현재, 미래와 과거의 동사의 어미는

(A) 현재시 (estanteco) — AS
   kuri, koras 달아난다.

(B) 미래시 (estonteco) — OS
   kuri, kuros 달아나겠다

(C) 과거시 (estinteco) — IS
   kuri, kuris 달아났다.

Mi kantas 내가 노래한다. Ni kantos 우리가 노래하겠다. Vi kantas 그대가 노래한다.

Vi kantos 그대들이 노래하겠다. Li kantas 그이가 노래한다. Homo kantis 사람들이 노래했다.

Ŝi kantas 그 여자가 노래했다. Birdo kantis 새가 노래한다. Ni estas studentoj 우리는 학생입니다.

Ni estos studentoj 우리는 학생이겠습니다.

Ni estis studentoj 우리는 학생이었습니다.

Mi estas juna 나는 청년이오 Mi estis juna 나는 청년이었소 Ni estos juna 나는 청년이겠소.

8. 의문문

니까, 소⁷⁾와 같이 의문의 경우에는 ĉu를 씁니다. 말의 첫머리에 씁니다.

Li venos 그 이가 오겠다.

/ Vi kantis 그대가 노래했다.

Ĉu li venos? 그이가 오겠습니까.

/ Ĉu vi kantos? 그대가 노래하겠습니까.

Ŝi ne venos 그 여자가 오지 않겠다.

/ Vi ne kantis 그대가 노래하지 않았다.

Ĉu ŝi ne venos? 그 여자가 오지 않겠습니까?

/ Ĉu vi ne kantis? 그대가 노래하지 않았습니까?

9. 주격과 목적격(Nominativo kaj akuzativo).

문중에 주인 되는 명사를 주격이라 하며, 동작의 직접 목적되는 명사를 목적격이라 합니다. 우리말에 주격명사의 토는 '은' '는' '이' '가'입니다. 하고 목적격명사의 토는 '을' '를'입니다.

새는 난다, 곰은 잔다, 바람이 분다, 개가 짖는다 하면 '새' '곰' '바람' '개'는 다 그 말의 주인 즉 주격입니다. 하고 내가 길을 간다, 그 이가 조히를 밴다 하

---

7) '~입니까'의 니까와 '~하였소'의 소.

면 '길을' '조히를'은 목적격입니다.

목적격에는 어미 N을 붙입니다.

Kato manĝas fiŝon 고양이가 생선을 먹는다.

Kato(고양이)=주격, fiŝon(생선을)=목적격,

manĝas 먹는다,

hundo havas kukon 개가 과자를 가졌다.

havi 가지다, kuko 과자.

그러면 어미 N이 붙은 것은 목적격이오, 붙지 아니한 것은 주격임을 알겠습니다.

floroj 꽃들 floroj estas belaj 꽃들이 아름답다.

florojn 꽃들을 mi havas florojn 내가 꽃들을 가지오.

10. 목적격명사를 형용하는 형용사에도 또한 N을 붙입니다

Bela floro 아름다운 꽃. Bela floro estas. Belan floron 아름다운 꽃을. Mi havas belan floron.

Belaj floroj 아름다운 꽃들. Belaj floroj estas. Belajn florojn 아름다운 꽃들을. Mi havas belajn florojn.

Via amiko estas bona. 그대의 친구가 좋다.

amiko 友.

Amikon mi vidis 친구를 내가 보았다.

vidi 보다, 보기.

Vian amikon mi vidis 그대의 친구를 내가 보았다.

Viajn amikojn mi vidis 그대의 친구들을 내가 보았다.

Ĉu li vin vokas? 그 이가 그대들을 부릅니까?

voki 부르다, 부르기.

11. 관사(Artikolo)

특별히 동사를 가르쳐 말할 때에는 그 명사의 앞에 관사La를 둡니다. 한글에는 관사가 없습니다.

 (A) Libro estas sur tablo.

libro 冊, sur 위에, tablo 卓子.

 (B) Libro estas sur la tablo. 책이 8)탁자 위에 있다.

 (C) La libro estas sur la tablo. 책이 (그 책이면) 탁자 위에 있다.

 (A)의 경우에는 책도 모르고, 탁자도 모르는, 다시 말하면 어떤 책이 어떤 탁자 위에 있다는 뜻입니다. 수수께끼가 아닌 이상에는 이런 말을 말이라고 할 수가 없습니다.

 (B)의 경우에는 어떤 책인지 모르나 탁자 위에(이 탁자라든가 그 탁자라든가의 뜻) 있다. 이것은 책만을 모르고 탁자는 아는 것입니다. 물론 말이 되었습니다.

 (C)의 경우에는 누구가 책을 찾는다고 가정하고, 한 동안 찾는 것을 보고, 지금 찾는 그 책 같으면 이 탁자 위에 있다는 것입니다.

다시 한 마디로 말하면 관사의 용법에는 지시, 특정, 이지9), 총괄의 뜻이 있습니다.

이지, 지시의 경우에는;

---

8) 탁자 앞에
9) 已知. : 이미 앎.

Ĉu vi konas la libron? 그대가 책(그, 이)을 압니까 koni 知.

Ni aĉetis plumon, la plumo estas bona   aĉeti 買, plumo 鉛筆. 내가 연필을 샀다, 그 연필이 좋다. 특정, 총괄의 경우에는;

La suno brilas. 태양이 빛난다. brili 빛나다. suno 태양.

La luno ridetas 달이 微笑한다. rideti 微笑하다, luno 月.

La homo estas mortema 사람은 죽을 것이다. mortema 죽을만한.

La homoj estas mortemoj (총괄에는 단복수가 그 뜻이 다 같습니다.)

La koreo estas diligenta nacio. Koreo 조선인. diligenta 근면한. 조선 사람은 근면한 국민이다. nacio 국민.

 (부기) 관사의 용법을 모르는 국민은 한동안 관사를 쓰지 않아도 좋습니다. 그것은 관사가 필요한 것은 아니고, 다만 편리하기 때문입니다, 이것은 에스페란토 창안자 싸멘호프 박사의 말입니다.

Ĉu vi havas fraton? 그대가 형제를 가졌습니까?(있습니까?)

Yes, mi havas fraton. 네. 나는 형제를 가졌습니다.(있습니다.)

이런 말에는 관사를 쓸 필요가 없습니다. 왜 그런고 하니, 누구라고 가르키지 아니하고 다만 있으며 없음만을 물었기 때문에 不定입니다. 그 대답에도 또한 형제가 있으며 있음만을 말하면 그만인 까닭에 不定입니다.

12. 전치사(Prepozicio)

전치사에는 일정한 어미가 없고, 따라서 변화하지도 않습니다.

한데 전치사라는 것은 명사와 文中의 다른 말과의 관계를 밝히는 것입니다.

　(A) 내가 책을 주었다…ㅡ(누구에게?)

　(B) 내가 책을 얻었다……(누구에게서?)

　(A)의 경우를 보면 내가(주격), 책을(목적격)이 다 있지만은 아직 부족한 점이 있습니다. 즉 누구에게 주었는가 하는 것이며, (B)의 경우도 또한 그렇습니다. 내가(주격) 책을(목적격) 얻었다(설명어) 하는 세 가지가 다 있지만은 아직 부족한 것은 어떤 사람에게서 얻었는가 하는 것입니다. 이에 전치사의 필요가 생깁니다. 우리말에는 후치사입니다.

　(부기) 전치사의 단순한 것이 33종입니다. 이것에 대하여는 부록을 만들려고 합니다. 한데 上記의 말을 에스페란토로 고치면;

(A)Mi donis libron al amiko. doni 주다, al 에게

(B)Mi recevis libron de amiko. de 에게서,

amiko 友.

이에 비로소 '내가 친구에게 책을 주었다' '내가 친구에게서 책을 얻었다' 하는 완전한 뜻이 됩니다.

(A) Antaŭ la domo estas arbo. antaŭ 前에,
arbo 나무, domo 집, 집 앞에 나무가 있소.
vi estas Antaŭ mi. 그대가 내 앞에 있소.
(B) Antaŭ la arbo estas domo. Antaŭ vi mi
estas. 나무 앞에 집이 있소.
antaŭ la tablo 탁자 앞에.
al 에게, 로(方向) en 의 안에, ĝis 까지, post 뒤에,
apud 의 곁에, de부터, 의, per 로, 를 가지고,
pro 대하여. sur 위에, sub 아래, kun 함께,
por 위하여,
al la patro 아버지에게, apud la domo 집 곁에,
per plumo 연필로 al mi 나에게, en la mondo 세
계에, kun mi 나와 함께, pro libro 책에 대하여,
sub la tablo 의자 아래, de mi 내게서, post monto
산 뒤에, ĝis mateno 아침까지, por mi 나를 위하여.
어찌하였으나 '내 앞에'라는 뜻을 표하려고 하거든 '앞
에'라는 말을 명사 '내'의 전방에 두어야 합니다.
우리말 모양으로 '내 앞에'라고 순서대로 mi antaŭ라
고 하면 '내가 앞에(즉 누구의 앞에)'라는 뜻이 되고
맙니다.

13. 수사(Numeralo)

1, 2, 3과 같은 기본수사는 다음과 같습니다.
Unu 1. Ses 6. Nulo 0. Trilion 1,000,000,000,000
Du 2. Sep 7. Cent 100.
Tri 3. Ok 8. Mil 1,000.

kvar 4. Naŭ 9. Milion 1,000,000

Kvin 5. Dek 10. Bilion 1,000,000,000.

십이상 만이하의 수는 우리말과 같이 수사를 모아 놓으면 그만입니다.

Dekunu 11. Dekkvar 14. Deksep 17. Dudek 20.

Dekdu 12. Dekkvin 15. Dekok 18. Dudekunu 21.

Dektri 13. Dekses 16. Deknaŭ 19. Tridek 30.

Kvardek 40. Sepdek 70.

Unumil naŭcent dudek 1920.

Kvindek 50. Okdek 80. Centkvin 105.

Sesdek 60. Naŭdek 90. Mildekdu 1012.

東　1,0000,0000　　　西　100,000,000

億,萬萬萬萬,千百十一　　萬萬萬,千千千,百十一

말하면 동양서 이십오만 팔천 (25,8000)하는 것을 서양서는 이백오십팔 천 (258,000)입니다, 이것을 다시 말하면 Ducent kvindek ok mil이라고 합니다.

우리말에는 개 두 마리, 사람 하나, 집 한間, 하지마는 서양서는 두 마리의 개, 한 사람, 한間 집 합니다. 하고 한 마리, 두 마리 하는 '마리'같은 것은 없고 다만 Du homoj 두 사람 Ses hundoj 개 여섯 마리. 합니다.

Mi havas dek librojn. 내가 책 열권을 가지고 있습니다.

기본수사에는 목적격 또는 복수가 되지 못합니다.

14. 부사(Adverbo)

형용사와 동사의 성질과 상태를 설명도 하며 형용도
하는 것입니다. 본래의 부사는 어미가 일정치 못하나,
문법상 부사는 어미가 E로 끝납니다.

우리말에는 잘, 매우, 썩 과 같은 것이 본래의 부사이
며, 아름답게 높게, 크게와 같은 것은 문법상 부사입
니다. 다시 말하면 형용사에 '게'를 붙이면 되는 것입
니다.

bona 좋은. bone 좋게. longa 긴. longe 길게. bela
고운. bele 곱게. blanka 희게. blanke 흰.

granda 큰. grande 크게. alta 높은. alte 높게.
ruĝa 붉은. ruĝe 붉게. nigra 검은. nigre 검게.

Ruĝa floro 붉은 꽃, (꽃이 붉다는 뜻)

Ruĝe floras 붉게 꽃핀다. (꽃 피기가 붉다는 뜻.)

Bela, nigra hundo 고운 검은 개.

Terura, nigra hundo 무서운 검은 개.

Bele, nigra hundo 곱게도 검은 개.

Terure, nigra hundo 무섭게 검은 개.

15. 부사의 용법

(A) 상태.

Ŝi kantas tre bone. 그 여자가 썩좋게 노래한다.

Bone (좋게)는 kantas(노래한다)를, Tre (썩) 는 Bone
(부사)를 형용한 것입니다.

Mi sencele laboris 내가 목적없이 일하였다.
sencele 목적 없이.

Li flegas min frate. 그이가 형제같이(답게) 나를 간

호한다.

Neĝe blanka floro estas 눈과 같이 흰 꽃이 있다.

neĝe 눈 같이.

(B) 방법.

Ĉu vi iros piede? 그대가 발로 (걸어)가겠습니까.

piede 묻으로.

Li respondis al mi letere. 그이가 내게 편지로 대답했다. letere 편지로.

Vi skribu krajone (그대) 연필로 쓰시오.

krajone 연필로. skribu 쓰시오.

(C) 시간.

Mi ĉiam matene promenas
나는 항상 아침에 산보합니다.

ĉiam 항상. mateno 아침 matene 아침에

Promeni 산보하다.

Venu al mi vespere, 내게로 오시오, 저녁에.

Tage kaj nokte li lernas esperanton.
밤낮으로 그는 에스페란토를 공부한다.

Tage 날에, nokte 밤에, lerni 공부하다.

(D) 장소.

Ĉu vi estas dome? 그이가 집에 계십니까.

domo 집, dome 집에, mezo 중앙,

meze 중앙에, urbo 도시.

Meze de la urbo estas lernejo.
도시 중앙에 학교가 있습니다.

16. 부정법동사의 용법

(A) 명사와 같이 목적격으로 씁니다, 만은 N을 붙이지 못합니다.

Mi amas kanti. 내가 노래하기를 좋아한다.

ami 사랑하다.

mi amas kanton. 내가 노래를 좋아한다

mi amas kanti. 내가 노래하기를 좋아한다

Mi volas manĝi. 내가 먹기를 원한다. 즉 먹고 싶다.

voli 원하다.

Mi povas fari tion. 그것을 하기를 能하다. 그것을 할 수 있다.

povi 수 있다. fari 하다. tio 그 것.

Li ne volas lerni. 그는 배우고 싶어 하지 않는다.

(B) 명사와 같이 주격, 또는 보조어로 씁니다.

Vivi ne estas manĝi. 살기는 먹기가 아니다. (다시 말하면 산다는 것은 먹는다는 것이 아니다)

vivi 살다, manĝi 먹다.

Iri estas necese por vi

가는 것이 그대를 위하여 필요하다.

necesa 필요한, necese 필요케, por 위하여, iri 가다

(주의) 부정동사가 주격이 될 때는 그것을 설명하기에 형용사를 쓰지 못하고 부사를 써야 합니다. 이것은 명사를 형용함은 형용사이나, 형용사와 동사를 설명, 형용함에는 부사인 까닭입니다.

다음의 것을 잊지 말아주시깁니다.

morto 죽음, terura 무서운.

morto estas terura. 죽음은 무섭다. (-o 이기에 -a)

morti estas terure. 죽기가 무섭다. (-I 이기에 -e)

manĝo estas necesa. 먹음은 필요하다 (-o 이기에 -a)

manĝi estas necese. 먹는다는 것은 필요하다. (-I 이기에 -e)

(C) 명사, 형용사, 조사의 뒤에 거듭하여 그것을 형용합니다.

Jam estas tempo dormi 벌써 잘 때이다.

jam 벌써, Tempo 때.

Vi estas bona skribi al mi.

내게 글월 주어, 당신 친근합니다.

(당신이 내게로 글월 쓰신다는 것은 좋습니다. 글월 주어 고맙습니다.)

Li iris dormi. 그이는 자려고 갔습니다.

17. 동사의 명령과 가정법

가정법의 동사 어미는 U로 끝납니다. 명령에는 명령, 청구, 원망[10]의 뜻이 있습니다.

Lernu 배우라, lernas 배운다, lernis 배웠다, lernos 배우겠다.

Lernu esperanton. 에스페란토를 배우시오.

Iru lernejon 학교로 가거라.

Donu al mi panon 내게 빵을 주시오.

---

10) 願望 : 원하여 바람.

Ne dormu kaj laboru! 자지 말고 일하라!

Kara amiko, estu honesta.

사랑하는 벗이여, 정직하시오.

Kara 사랑하는, amiko 友, honesta 정직한.

남에게 원할 때에 좀 더 친근한 뜻을 표하여 말하려고 하면;

Donu al mi, mi petas. 아무쪼록 주서요.

Volu doni al mi. peti 빌다,(乞) voli 원하다

Bonvole donu al mi.

bonvole=Bona 좋은, Vole=voli.

Bonvolu doni al mi.

명령서는 자기 또는 제 3인에게도 합니다, 이러한 때에는 대개 희망을 표합니다.

Ni iru. 우리는 가거라, (우리는 갑시다)

Li venu. 그이는 오거라 (그 이를 오게 하라, 오라고 하라)

Dio nin gardu 하느님은 우리를 지키라. (하느님이여, 우리를 지켜줍소서)

가정법조사의 어미는 us로 끝납니다. 가정이란 것은 문자와 같이, 사실과는 다른, 또는 불명한 사실을 상상 가정하는 것입니다.

Li venus 그 이가 올지 모르겠다. (그이가 오지나 않겠나의 뜻)

(A) Mi pensis, ke mi songas. pensi 생각하다, songi 꿈꾸다, ke 다고

(B) Mi pensus, ke mi songas.

(A) 나는 내가 꿈꾼다고 생각하였다. (분명히 꿈꾼다는 뜻)

(B) 나는 내가 꿈꾸지나 않는가 생각하였다. (꿈인지 생시인지 불명의 뜻)

(A)는 단연한 단정이며, (B)는 조심스러워하는 것입니다. 즉 '이나 아닌가' 하는 뜻입니다.

Neniu faros tion 아무도 그것을 못한다.

neniu 無人.

Neniu faras tion

아무도 그것을 할 사람이 없을 듯 하다.

하기 때문에 남에게 의뢰(依賴)나 청구할 때에 가정법을 쓰면 대단히 좋습니다.

(A) Ĉu vi ne volas sendi al mi? sendi 보내다.

(B) Ĉu vi ne volus sendi al mi?

(A) 내게로 보내주시겠습니까? (싫습니까 하는 *연한 말)

(B) 내게로 보내주시겠습니까? (어떻습니까 하는 의견를 묻는 뜻)

그 다음에는 se (만일……면)와 함께 하는 것이 있습니다.

(A) Mi ne estis malsana, tial mi ne mortis. malsana 병.

(B) Se mi estus malsana, mi mortus.

tial 그 때문에, morti 죽다.

(A) 내가 병들지 않았다. 그 때문에 나는 죽지 않았다.

(B) 만일 내가 병들었으면 나는 죽었을 것인데.

와 같은 것입니다. 사실과는 반대되는 것을 말합니다.
Se li scius min, li venus al mi. scii 알다.
만일 그이가 나를 알았더면, 나에게 왔을 것인데.
Se mi havus monon, mi donu al li.
만일 내가 돈을 가졌더면, 그 이에게 주었을 것인데.

18. 접속사(Konjunkcio)
접속사라는 것은 말과 말, 또는 문구와 문구를 접속하
는 것입니다. 어미가 일정하지 아니하고, 따라서 변화
하지 않습니다.
Kaj 와, 과, 하고, 고, 그리하고. (及)
dum ……하는 동안에.
Sed 그러나, 만은, 하나, ke …하면, …그것은, (다고)
Ĝis 까지, tamen 아직도, 오히려, aŭ 또는,
Kvankam 그렇지만은 se 만일…하면, Ĉar 하기 때문에.
Libro kaj krajono 책과 연필.
Li aŭ lia frato venos al mi.
그이나 그의 형제가 내게 올 것이다.
Mi vidis lin, lian filon, lian patron kaj lian
fraton. 내가 그 이와, 그의 아들과, 그 이의 아버지
와, 그의 형제를 보았다.
Mi lernis Esperanton, kaj nun mi parolas per
ĝi. paroli 말하다, per 로.
내가 에스페란토를 배웠는데 지금 그것으로(per ĝi)
내가 말합니다.
Li lernis Anglan lingvon, se li ne povas paroli.

Angla 영국, Lingvo 어학.

그이가 영어를 배웠다만은 그이는 말하지 못합니다.

Kiun vi pli amas, vinon aŭ teon? kiu 어떤 것, pli 더, vino 포도주, teo 茶, ami 사랑하다

어느 것을 당신이 더 좋아합니까 포도주입니까 또는 차입니까?

(포도주와 차 가운데 어느 것을 당신이 더 좋아합니까?)

Mi dormos, ĝis li venos, Li diris ke li konas vin. diri 말하다, koni 알다

나는 그이가 올 때까지 자겠다. 그이는 그이가 당신을 안다고 말하였다.

Li lernis kaj lernis, ĝis li fine sukcesis. fine 나중에, Sukcesi 성공하다.

그이는 나중에 성공하기까지 배우고 배웠다.

Vi malsukcesis, ĉar vi ne lernis.

malsukcesi 실패하다.

당신은 배우지 않았기 때문에 실패하였다.

Vi sukcesis, ĉar vi laboris diligente.

diligente 근면하게.

당신이 부지런히 일하였기 때문에 성공하였다.

19. 직접화법과 간접화법

여기 A군, B군, C군이 있다 하고, A군과 B군이 만나서, A군이 B군다려.

Hieraŭ mi vidis Sinjoron C. Sinjoro 씨, 군.

어제 내가 C군을 보았다.

그 다음에 B군이 C군과 만나서

(A) Sinjoro A diris: "Hieraŭ mi vidis Sinjoron C." (B) A군이 말하였다, '어제 내가 C군을 보았다.'

(B) Hieraŭ mi vidis Sinjoron C, diris Sinjoro A.

(C) Hieraŭ diris Sinjoro A, mi vidis Sinjoron C. 와 같이 세 가지로 합니다. 이것은 직접화법입니다.

Sinjoro A diris, ke hieraŭ li vidis vin. 어제 그이가 당신을 보았다고 A군이 말하였다. 이것은 간접 화법입니다.

직접 (A) Li diris al mi: "Ĉu vi lernas Esperanton?"

간접 (B) Li demandis al mi, Ĉu mi lernas esperanton. demandi 問.

 (A) 그이가 내게 말하였다. '당신이 에스페란토를 배웁니까?'

(B) 그이가 내가 에스페란토를 배웁니까 물었습니다.

직 접 법 / 간 접 법

Kion vi povas fari? diris li al la knabo. Li demandis al la knabo, kion li povas fari.

Mi legas libron, diris mi Mi respondis, ke mi legas libron.

 "Mi montros al vi" diris lia amiko. Lia amiko diris ke li montros al li.

Mi diris al li : "Mi volas iris seulon. Mi diris al li, ke mi volas iri Seulon.

- 33 -

Mi diris : "vi venu" Mi diris ke li venu.

(A) "Venu tuj", diris li al li. '곧 오시오' 그이가 그이에게 말하였다.

(B) Li ordonis al li, ke li tuj venu. 곧 오라고, 그이가 그이에게 명하였다. 이러한 경우도 또한 조금도 다름이 없습니다.

20. 연계사

'내게 책을 준 사람이 어디 있습니까' 하는 말을 에스페란토로 고쳐보면

Kie estas la homo: la(또는 tiu) homo donis al mi libron 와 같이 두 마디가 됩니다.

(A) Kie estas la homo?

(B) La homo (aŭ tiu homo) donis al mi libron.

이렇게 하여서는 조금도 말이 중략이 되지 아니합니다, 그렇기 때문에 (B)의 la homo 대신에 kiu (누구?) 라는 것을 써서 다시 고쳐보면,

Kie estas la homo, kiu donis al mi libron?

이 경우에 kiu는 la homo와 같습니다. 즉 다시 말하면 어디 그 사람이 있습니까, 그 사람이란 누구(kiu?)인고 하니 내개 책을 준 그 사람 의 뜻.

Kie estas la homo, kiu (la homo) donis al mi libron. 의 뜻입니다.

La homo, kiu venis al mi hieraŭ, estas Franco. 어제 내게 왔던(바) 그 사람은 프랑스인이다.

La homo estas Franco.

그 사람은 프랑스인이다.

"Kiu (la homo) venis al mi hieraŭ"

그 사람이 어제 내게 왔다.

La homo, kiun mi vidis hieraŭ, estas Franco.

내가 어제 본(바) 그 사람은 프랑스인이다.

La homo estas Franco.

그 사람은 프랑스인이다.

Kiun (la homon) mi vidis hieraŭ.

그 사람을 내가 어제 보았다.

Ĉu tio estas vera, kion li diris?

tio 그것, vera 眞正한, kio 무엇.

그 이가 말한 것이 (그것이) 진정입니까?

Ĉu tio estas vera? 그것이 진정입니까?

Kion (tion) li diris. 그것을 그이가 말하였다.

La domo, en kiu oni preĝas, estas preĝejo.

preĝi 기도하다, preĝejo 會堂

그 안에서 사람이 기도하는 집은 회당이다.

La domo estas preĝejo. 그 집은 회당이다.

En kiu (en la domo) oni preĝas.

그 집 안에서 사람이 기도한다.

Tie estas fajro, kie estas fumo.

tie 그곳, fajro 불, fumo 연기

연기 있는 곳에는 불이 있다.

Tie estas fajro. 그 곳에 불이 있다.

Kie (tie) estas fumo

그 곳은 (어떤 인고하니) 연기가 있다.

Ĉiuj, kiuj parolas Esperante, estas Esperantistoj.
에스페란토로 말하는(바) 모든 사람은 에스페란토 사용자입니다.
Ĉiuj estas Esperantistoj 모든 사람들은 에스페란토 사용자입니다.
Kiuj (ĉiuj) parolas Esperante. 모든 사람들은 (어떤 사람인고 하니) 에스페란토로 말하다.

21. 형용사의 설명용법
 (A) Esti 형용사한 것을 동사로 생각할 경우.
Mi ĝojas vidi vin. ĝoja 깃븐.
Mi estas ĝoja vidi vin. 당신을 보아 기쁩니다.
Mi estas tre soifa. = Mi tre soifas.
soifi 목마르다. 내가 대단히 목마르다.
Mi estas tre laca. 나는 대단히 피곤하다.
laca 피곤한.
Estu diligenta. 부지런하여라. diligenta 부지런한,
Ne estu kiel kolera. = Ne tiel koleru.
tiel 그렇게, koleri 노하다. 그렇게 노하지 말아라.
 (B) Esti 를 約하고, 다른 동사를 쓰는 경우;
 (A) Ni restis forvoraj.
fervora 열심인, resti 남아 있다 (변치 않고)
 (B) Ni restis fervoraj (A) 우리들은 열심이었다,
(B) 우리들은 열심히 **하였다.
Li ŝajnas (esti) kolera. 그 이가 노한 듯하다,
ŝajni 듯하다, 듯이 보이다.

Vi aspektas (esti) malsana. 그대는 병난 듯하다.
aspekti 듯이 보이다(외양).
 (C) 명사를 몷하고 쓰는 경우;
Li estas blinda (homo). 그이는 장님이다.
blinda 盲目인.
Ĉu vi estas malsana (homo) = Ĉu vi havas malsanon? 당신 병 났습니까.
Ĉu via patro estas bona (homo)? 당신의 아버지가 좋습니?? ?
Mi estas feliĉa (homo) 나는 행복합니다.
feliĉa 행복된.
Ĉu vi estas malsano? 誤.
vi=malsano 즉 당신은 병과 같다의 뜻.
Ĉu vi estas malsana? 正.
vi=malsana (homo) 당신은 병난 사람의 뜻.

22. 호격

Amiko, donu al mi panon!
amiko 벗(友). 친구여, 내게 빵을 주시오.
Infano, estu diligenta. 아이야, 부지런하여라.
infano 어린아이.
Malfeliĉa knabino! Ŝi ne havas patrinon.
malfeliĉa 불행한,
불행도 하다, 소녀는 어머니가 없다.
knabino 소녀, patrino 母.
이런 때에는 호격이 아니고 단순히 감탄의 뜻만을 표

합니다.

23. 긍정과 부정

긍정에는 Jes (諾)로, 부정에는 Ne (否)로 대답하면 그만입니다.

Ĉu vi konas lin? 당신이 그이를 압니까.

Jes. mi konas lin 네, 내가 그이를 압니다.

Ne, mi ne konas lin. 아니요, 나는 그이를 모릅니다.

말을 어떻게 묻든지, 자기의 맘대로 있으면 Jes로 없으면 No로 대답하면 틀릴 것이 없습니다.

Ĉu vi ne volas iri?

Jes. mi volas iri.

(가고 싶으면) 네, 내가 가고 싶습니다.

Ne, mi ne volas iri. (가고 싶지 않으면) 아니요, 나는 가고 싶지 않습니다.

Vi ne estas fidela.

당신이 충실치 못하다. fidela 충실한.

Jes, Mi estas fidela. 네, 내가 충실합니다.

Ne, mi ne estas fidela 아니요, 내가 충실치 못합니다.

Neniu venis. 아무 사람도 오지 않았다. Neniu 無人

Jes, li venis. 네, 그 이가 왔습니다.

Ne, neniu venis. 아니오, 아무 사람도 오지 않았다.

이만하고 복습을 *어보기로 합니다.

에스페란토는 우리말로, 우리말은 에스페란토로 번역하기 바랍니다.

 (1)Mi estas ****. (2)Vi estas homo. (3)Ni estas

homoj. (4)Ĉiuj(모든 사람) estas homoj. (5)Vi estis studento(학생). (6)Vi estos studentoj. (7)La koreo(조선인) estas diligenta. (8)Inko estas nigra kaj papero(紙) estas blanka(白). (9)Hundo kuras, fiŝo(漁) ****(*) kaj birdo flugas(飛). (10)Bela kato, manĝas insekton(蟲). (11)Belaj kato kaj hundo manĝas kukon(菓子). (12)Bela kato kaj birdo dormas(*). (13)Ŝi venis hieraŭ kaj revenis (歸). (14)Ĉu vi donis(與) ion(무엇을)? (15)Ne, mi ne donis, sed mia frato donis ion. (16)La floroj estas belaj kaj homo estas blanka. (17)Vi havas krajonon(鉛筆) kaj li havas du plumojn. (18)Mi vidos ruĝan libron. (19)Ili havos nigrajn bun*dojn.

(20) Li havis tridektri kaj ŝi havas deksep. (21)Kara amiko, estu fidela. (22)Ĉu via amiko venis hieraŭ vespere? (23)Lia patro estas juna kaj via patro ne estas juna. (24)Kion(무엇) vi vidas sur la tablo? (25)Kiu li estas(누구)? (26)Se li dirus al mi tion(그것), mi ne farus, (27)Se ŝi estas malsana, ŝi mortus, (28)Mi havas tri librojn kaj li havas dek. (29)Ĉu vi povas paroli (말하다) Esperante?

(30)Mi ne povas paroli Esperante. (31)Multaj(많은) homoj lernas Anglan(영국) lingvon(어), se malmultaj(적은) homoj povas paroli Angle.

(31)Vi, vidu vian plumon (32)Sendu al mi, mi atendas (기다리다). (33)Venu al mi. (34) Li venus kaj ŝi ne venus. (35) Iri estas facile(容易) Sed sukcesi ne estas facile. (36)Mensogo(거짓말) estas malbona(악). (37)Kanto estas agrabla(愉快) sed kanti ne estas agrable. (38)La homo, kiu venis al mi matene, estas Ĥino(중국인). (39)La libro, kium mi aĉetis, estas mia libro. (40)La tablo estas mia, ĉar ĝin mi aĉetis(買).

(1)나는 모릅니다. (2)사람은 자고 새는 노래합니다. (3)무엇을 읽습니까? (4)개 두 마리와 새 세 마리가 있습니다. (5)고운 꽃이 있습니다. (6)당신이 에스페란토를 배우고 싶어합니까. (7)에스페란토는 쉽습니다 (facila). (8)죽기가 어렵다. (9)편지로 대답을 하시오. (10)피는(Sango) 붉고, 눈은(Neĝo) 희다.

(11)흰 꽃들이 있습니다. (12)흰 꽃들을 가지겠습니까. (13)사십오와 육십. (14)열하나와 천하나. (15)연필로 쓰세요. (16)당신의 아버지가 가겠습니까. (17)네, 내가 하고 싶습니다. (18)물(akvo)을 마시고 싶다 (trinki). (19)어찌하여 대답을 아니합니까. (20)나는 책 열권과 연필 두 자루를 가졌습니다.

24. 수사의 어미
어미에 따라 명사, 형용사와 부사의 수사가 됩니다.
 (A) 수사의 어미를 A로 고치면 순서를 표하는 형용사가 됩니다.

Unua 제일의, 첫째, 처음의. Deka 제 십의, 열째. Tria 제 삼의, 셋째. Centa 제 백의, 백째.

Hodiaŭ estas la dekkvina tago de marto kaj morgaŭ estos la deksesa tago de marto. 오늘은 삼월 제 십오일이고, 내일은 삼월 제 십육일이겠습니다. (이런 때에는 반드시 관사를 붙여야 합니다. 이것은 삼월 십육일이라 하면 하루 이틀의 순서를 따라 오늘이라는 날은 3월 16째 되는 날이라 하기 때문에 지시가 됨으로 관사가 있어야 합니다.)

Li estas la dua en la klaso. klaso 級, 班.

그는 級에서 둘째입니다.

(석차가 둘째, 즉 성적으로 인하여)

La sesa horo vespere. 저녁 여섯시.

Ses horoj vespere 저녁 여섯시 동안.

La sesa horo는 저녁 제 육시의 뜻이오, Ses horoj 는 저녁 여섯시 동안의 뜻입니다. 하나는 순위를 말하고, 다른 하나는 몇 시간을 일하였다든가 하는 동안을 말함입니다.

Mi dormis je la deka hora.

내가 열시에 잤다(순서)

Mi dormis dek horojn

내가 열 시간을 잤다(동안)

Kio estas la dudeka tago de julio? Julio 7월

칠월 이십째 날(이십일)은 무엇입니까

Nia patro naskiĝis la dudekan tagon de julio. naskigi 나다.

우리 아버지가 칠월 이십일에 났습니다.

이와 같이, 어느 날에 하는 때에는 목적격을 씁니다.

Mi iros la dudekokan tagon de Aprilo.

내가 사월 이십팔일에 가겠습니다.

(B) 수사의 어미를 E로 고치면 부사가 됩니다. 母論 順序를 表하는 수사부사입니다.

Unue 제일에, 첫째에, 처음에. Kvare 제사에, 넷째에.

Due 제이에, 둘째에, 다음에. Deke 제십에, 열째에.

Unue mi dankas vin pro via letero kaj due mi respondas al mi.

첫째에 내가 당신의 편지에 대하여 고마워하고, 둘째에 당신에게 회답합니다.

(C) 수사어미를 O로 고치면 수를 표하는 수사명사가 됩니다.

Unuo 하나(一個), 1위, 단위. Duo 둘(二個)

Mi havas Cent pomojn.

내가 백 개 능금을 가졌다.

Mi havas centon da pomoj.

내가 능금 백 개를 가졌다.

수사는 기본수사로는 목적격이 못되나, 그것이 명사가 되면 될 수가 있습니다. 하고 da라는 것은 수량에만 쓰는 전치사인데 그 뜻은 De와 같으나, Mi havas Centon de pomoj 하면 잘못입니다.

Li posedas dek krajonojn.

그가 열 연필을 소유했다.

Li posedas dekon da krajonoj.

그가 연필의 열 개를 소유했다.

Dek krajonojn 이나, Dekon da krajonoj 이나 결국 그 뜻은 같습니다.

(D) 기본수사가 복수되는 것이 있음을 기억하여야 합니다.

Mi havas du florojn; unu estas blanka kaj la alia estas ruĝa.

내가 두 꽃들을 가졌다; 하나는 희고, 다른 하나는 붉다.

Mi havas multajn florojn, unuj estas blankaj kaj aliaj estas ruĝaj.

내가 많은 꽃들을 가졌다, 한 편은 흰 것들이고, 다른 한 편은 붉은 것들이다.

꽃을 많이 가졌는데, 흰 것들도 있고 붉은 것들도 있다 하면 母論복수이기 때문에 Unuj(한편은)라고 하였고, Aliaj(다른 하나)라고 하였습니다. 한데 Unu……alia는 하나는……다른 하나(또 하나)의 뜻입니다.

La unuaj homoj estas pli rapida, ol la duaj.

첫째 사람들은 둘째 사람들보다 더 빠르다.

25. 형용사의 비교급(Adjektiva Komparado)

Pli (便이) 더, 한층 (A) A estas tre bona.

Plej (便이) 가장, 제일(要冠詞). (B) Sed B estas pli bona ol A. Ol (便이) 보다, 보다도. (C) C estas la plej bona el ĉiuj el (비교하면) 중에서는, 서는.

(A) A가 대단히 좋다. (B) 그러나, B는 A보다 더 좋다. (C) C는 모든 사람들 중에서는 가장 좋다.

이와 같이 Pli……ol(보다…더)로 된 것을 Komparativo(비교사 또는 優級)라 하며, La plej(가장)로 된 것을 Superativo(최상급 또는 最優級)라고 합니다. 한데 Plej 라고 하면 가장이라는 뜻이기 때문에 물론 관사가 있어야 할 것입니다.

La papero estas tre blanka, sed la neĝo estas pli blanka ol la papero, do, kio estas la plej blanka el ĉiuj? 종이가 대단히 흽니다. 그러나 눈은 종이보다 더 흽니다. 그러면(do) 무엇이 모든 것 가운데서 가장 흽니까?

부사에도 비교급을 쓸 수 있습니다.

 (A) A kantas pli bone ol B.

A는 B보다 더 잘(좋게) 노래합니다.

 (B) C kantas (la) plje bone el ĉiuj C가 모든 사람들 중에서는 가장 잘(좋게) 노래합니다.

이러한 때에 la를 쓰기도 합니다, 마는 부사이기 때문에 아니 쓰는 것이 좋을 듯 합니다.

Mal-은 접두사인데 순반대의 뜻입니다.

Malpli 劣級. Malplej 最劣級 이 됩니다.

Saĝa 怜悧한.

 (A) A estas pli malsaĝa ol B.

A가 B보다 더하게 바보다.

 (B) A estas malpli saĝa ol B.

A가 B보다 더 못한 영리다.

 (C) C estas la plje malsaĝa.

C가 제일 바보다.

(D) C estas la malplej saĝa.

C가 제일 못한 영리다.

(A)와 (B)의 뜻이 다른 것 같으나 결국은 A가 바보라는 뜻이 되며, (C)와 (D)도 그 뜻이 다른 것 같으나 역시 C가 제일 바보라는 뜻입니다.

동위급이라는 것이 있습니다. 이것은 Tiel……kiel인데 그 뜻은 똑같다라는 것입니다.

A estas tiel forta kiel B.

 kiel 그렇게, kiel 와 같이.

A는 B와 같이 그렇게 힘 있다.

(A는 B만큼 힘 있다.)

Li estas tiel saĝa kiel vi.

그가 당신만큼 영리하다.

Mia pomo estas tiel dolĉa(pomo estas dolĉa)

나의 능금은 당신의 능금만큼 답니다.

Mi bezonas tiom, kiom vi(bezonas).

bezoni 용이하다, tiom 그만큼

내가 당신이 쓰는 것만큼, 그만큼 씁니다.

kiom(만큼 하게).

(비고) Seulo estas la plje granda urbo en koreujo. 서울이 조선 안에서는 제일 큰 도회입니다.

Li pli amas sian filinon, ol sin mem.

그가 자기 자신보다도, 자기의 딸을 더 사랑합니다

Li ne vivos pli, ol unutagon.

그가 하루를 보다 더 살지 못하겠습니다.

El ĉiuj miaj fratoj Boktong estas la plej saĝa. 나

의 모든 형제들 가운데서 福童이가 제일 영리합니다.
Ŝi amas sian edzon tiel, kiel sin mem. 그 여자가
자기 자신만큼, 그렇게 자기의 지아비를 사랑합니다.
La pli juna filino iris ĉerpi akvon kaj la plej
aĝa (filino) restis en la domo.
어린 딸은 물을 길으려고 갔고, 나이 많은 딸은 집에
있었습니다. resti 남아있다.
Li estas pli saĝa, ol honesta. 정직한 그는 정직함
보다, 一層 영리합니다.

26. 전치사 da의 용법
전치사 중에 de는 단순히 소유를 표하고, da는 수량
을 표하는 것입니다.
Mi havas la libron de mia patro.
내가 나의 아버지의 책을 가졌다.
Mi havas dekon da libroj.
내가 책 열 권을 가졌다.
 (A) Mi trinkas glason de vino.
glaso 잔, vino 포도주
 내가 포도주 잔을 마신다.
(malplena je vino)
 (B) Mi trinkas glason da vino.
내가 포도주가 가득한 잔을 마신다. (plena je vino)
 (A) 윗 것은 술도 없는 포도주 잔을 먹었다는 뜻이
되고 (B) 윗 것은 포도주가 가득한 잔을 먹었다는 뜻
이니, 즉 술을 먹었다는 것이오, (A)의 것은 빈 술잔

을 먹었다는 뜻입니다.

Kiom da mono vi havas?

돈을 얼마나 가졌습니까?

Mi havas multe da mono por mi men.

por 위하여, por mi mem(나를 위하여)

내가 나를 위하여 돈의 많음을 가졌습니다.

Li havas dekduon da krajono. dekduo 한따스.

그가 연필의 한따쓰를 가졌습니다.

Li havas dek krajonojn.

그가 연필 열 자루를 가졌습니다.

27. 수사의 접미어

접미어—Obl—배수. 접미어—On—분수. 접미어—Op—
합성의 뜻입니다.

Duobla, 二培의, Duona 半分의, Duopa 二人一團의,

Duoblo, 二培, Duono 半分,折半, Duopo 二人一團,

Duoble, 二培에(로), Duone 半分으로,

Duope 二人一團하여.

Ĉiutage mi recevas du frankajn, sed hodiaŭ mi
ricevas duoblan pagon, tio estas kvar frankajn.

매일에 내가 두 쁘랑을 받습니다, 만은 오늘 배수의 出
給 즉 (tio estas) 사쁘랑을 받습니다.

Kvinoble sep estas tridek-kvin, aŭ sepoble kvin
estas tridek-kvin.

칠을 오배하니 삼십오입니다, 또는 오를 칠배하니 삼
십오입니다.

Tri estas duono de ses.

삼은 육의 절반입니다.

Mi havas du trionojn.

내가 삼분의 이를 가졌습니다.

Ok estas kvar kvinonoj de dek.

팔은 십의 오분의 사입니다.

Ili ricevis kvaronojn.

그들이 사분의 일을 받았다.

Du amikoj promenas ĉiam duope.

promeni 산보하다.

두 친구가 항상 둘이 함께 산보합니다.

Ili kvinope min atakis, sed mi venkis.

그들이 다섯이 한 무리가 되어 나를 공격했으나, 나는 이겼다.

Triobla fadeno 삼배의 실 (길이와 분량이)

Triopa fadeno 三合絲 (셋을 한 곳으로 한 것).

Mi donis al ĉiu po kvar krajonoj. po 씩 (얼마씩)

내가 各人에게 연필을 네 자루씩 주었습니다.

28. Oni의 용법

Oni는 제삼인칭 인칭의 명사입니다. 한데 누구라고 정치 않고 일반으로 '혹인'든가 '세인'이라든가 하는 때에 쓰는 것입니다.

Oni diras, ke la vero ĉiam venkas.

vero 진리, venki 이기다, diri 말하다.

진리가 항상 이긴다고 합니다.

Oni diros, ke li mortis.

그가 죽었다고 합니다

Oni ne amas obstinan homon.

완고한 사람을 좋아하지 않습니다.

En la vintro oni hejtas fornojn.

겨울에는 난로를 핍니다.

 Oni는 단복수에도 關치 않습니다.

Kiam oni estas riĉa, oni havas multajn amikojn.

 Kiam oni estas riĉaj, oni havas multajn amikojn.

부자일 때에는 많은 친구를 가집니다. 이러한 것은 아무렇게 하더라도 관계치 않습니다.

Oni deziras esti feliĉa.

행복되기를 바란다.

Oni deziras esti feliĉaj.

Oni는 소유격 onia도 못되며, onin 목적격도 못 됩니다.

29. Si의 용법

제 3인칭 대명사로 다시말한 주인을 말하려고 할 때에 쓰는 것입니다. 한데 제 삼인칭에는 남, 여, 중성을 물론하고 씁니다.

Mi amas min mem, vi amas vin men, li amas lin kaj ŝi amas sin mem.

나는 내 자신을 사랑하고, 당신은 당신 자신을 사랑하고, 그는 그를 사랑하고, 그 여자는 그 자신을 사랑합니다.

Mi diris al mi, vi diris al vi kaj li diris al si.
나는 내게 말하고, 당신은 당신에게 말하고, 그는 그
자신에게 말합니다. 즉 獨語한다는 뜻입니다.
Henriko vidas Johanon kaj lian fraton. 헨리코가
요하노와 그의 (요하노의) 형제를 본다.
Henriko vidas Johanon kaj sian fraton. 헨리코가
요하노와 자기의 (헨리코의) 형제를 본다.
제 1인칭이나, 제2인칭에는 다른 1인칭과 2인칭이 없
기 때문에 다른 사람이 될 리가 없으나 삼인칭에는
'그가 그를 보았다' 하면 그가 그 자신인지, 또는 다
른 사람인지 알 수가 없음으로 그가 그 자신이라고
하는 뜻을 표하려고 하면 반드시 si 가(그 자신) 있어
야 합니다.
Ŝi amas sian filinon kaj li amas sin mem.
그 여자가 자기의 딸을 사랑하며, 그는 그 자신(자기)
를 사랑합니다.

30. 목적격의 전치사
이것은 동작의 이동과 방향을 표하는 것입니다.
Mi iris al seulo. 내가 서울로 간다.
Mi iras Seulon. (aŭ iras en Seulon).
Li vojaĝadas en Francujo kaj nun veturas en
parizon. veturi 타고 가다.
그가 불국 안에서 여행하다가 지금 파리로 간다.
Ŝi kuras en la ĉambro.
그 여자가 방 안으로 따라 들어간다. (지금까지 밖에

있다가 방 안으로 들어간다의 뜻)

La birdo estas en ĉambroj kaj flugas en la ĉambro.

새가 방 안에 있어, 방 안에서 날아간다.

Birdo estas ekster la ĉambro kaj flugas en la ĉambro. 새가 방 밖에 있다가 방 안으로 날아 들어 간다.

31. 동작분사(Verba participo)

(형용형, 어미 A)

　Mi amas vin 하면 (내가 너를 사랑한다) Mi는 사랑 하는 사람이며, Vi는 사랑 받는 사람일 것입니다.

이와 같이 Mi amis vin 하면 mi는 사랑한 사람, vi는 사랑 받은 사람, Mi amos vin 하면 mi는 사랑할 사 람, vi는 사랑 받을 사람입니다.

이러한 경우 즉, 사랑하는, 사랑한, 사랑할 사람의 하 는 동작을 능동이라 하며, 사랑 받는, 사랑 받은, 사 랑 받을 사람의 받는 동작을 수동이라고 합니다. 그러 면 아래와 같은 것이 있습니다.

진 행	완 료	예 정
-anta 하는	-inta 한	-onta 하려는
-ante 하면서	-inte 하고 나서	-onte 하려하면서
-anto 하는 사람	-into 한 사람	-onto 하려는 사람

　Kiam mi amas vin, mi estas amanta homo kaj vi estas amata homo. 내가 너를 사랑하는 때에 나 는 사랑하는 사람(amanta homo)이요, 너는 사랑 받

는 사람(amata homo) 이다.

kiam li amis vin, li estas aminta homo kaj vi estas amita homo. 그가 너를 사랑하던 때에 그는 사랑하던 사람(aminta homo)이요, 너는 사랑 받은 사람(amita homo) 이다.

Kiam mi amos lin, mi estas anonta homo kaj li estas amota homo. 내가 그를 사랑하려고 할 때에 나는 사랑할 사람(amonta homo)이요, 그는 사랑 받을 사람(amota homo) 이다.

Akvo fluas 물이 흐른다. fluanta akvo 흐르는 물.

Akvo fluis 물이 흘렀다. fluinta akvo 흐른 물.

Akvo fluos 물이 흐르겠다.

fluonta akvo 흐르려는 물.

진 행	완 료	예 정
-ata 되는	-ita 된	-ota 되려는
-ate 되면서	-ite 되고 나서	-ote 되려하면서
-ato 되는 사람	-ito 된 사람	-oto 되려는 사람

Homon batas 사람을 때린다,

batata homo 맞는 사람.

Homon batis 사람을 때렸다.

batita homo 맞은 사람

Homon batos 사람을 때리겠다.

batota homo 맞을 사람.

Fluanta akvo estas pura.

흐르는 물이 맑다. pura 맑은.

La tempo pasinta ne revenos.

지나간 시간은 돌아오지 못한다.

Ne kredu la tempon venontan.

오려는 시간을 믿지 말아라.

한데 동양서는 수동이 적습니다, 만은 서양에서는 수동을 많이 씁니다. 동양서는 '내가 편지를 썼다'하지만은, 서양서는 '편지가 내게 말미암아 써졌다' 합니다. 이것은 東西의 人情이 서로 같지 아니한 점입니다.

Mi skribis leteron(내가 편지를 썼다) 할 것을 Letero estis skribita de mi. (편지가 나로 말미암아 써졌다) 합니다.

Ernesto estas mia plej amata filo.

에르네스토는 나의 가장 사랑받는(사랑하는) 아들이다.

Libro aĉetita estas pli bona, ol libro aĉetota.

사진(산) 책은 사질(살) 책보다도 더 좋다.

Mono havata estas pli necesa, ol mono havita.

가져진(가지고 있는) 돈은 가져졌던(가졌던) 돈보다 더 필요하다.

La tempo venonta estas pli bona, ol la tempo veninta. (La tempo kiu venos, estas pli bona, ol la tempo kiu venis)

오려는 때는 왔던 때보다 더 좋다.

- 분사부사(어미 E)

 Legante lian leteron, ŝi ekploris.

ekplori 으악하며 울다.

그의 편지를 읽으면서, 그 여자가 울었다.

Leginte lian leteron, ŝi ekploris.

그의 편지를 읽고서(다 읽고) 그 여자가 울었다.

Legonte lian leteron, ŝi ekploris.

그의 편지를 읽으려고 하며, 그 여자가 울었다.

Ridetante, li mortis. rideti 헤죽헤죽 웃다.

헤죽헤죽 웃으면서, 그가 죽었다.

Trovinte pomon, mi ĝin manĝis. trovi 발견하다.

능금을 얻어서, 내가 그것을 먹었다.

Ironte promeni, mi ŝlosis la pordon. ŝlosi 쇠잠그
다 산보하러 가려고 내가 문을 잠갔다.

(주의) 다른 주격의 동작을 표하기 위하여 분사동사
를 써서는 아니 됩니다. La suno subiris, kaj ni
revenis (해가 넘어갔다, 그래서 우리가 돌아왔다) 할
것을 La suno subirinte, ni revenis 해서는 잘못입
니다.

- 분사명사(어미 O)
명사이기 때문에 '것'이겠습니다. 따라서 대개는 동작
의 주인이 사람이나 동물일 것입니다.

Venu, savonto de la mondo! savi 구원하다. 오시
오, 세계의 구주여! (구원하려는 이)

 Mortinto jam ne vivas.

죽은 이는 이제는 살지 못한다.

Kiam Nikodemo batas Johanon, Nikodemo estas
batanto kaj Johano estas batato.

니코데모가 요하노를 때리는 때에, 니코데모는 때리는 이요, 요하노는 맞는 이외다.

Amanta homo=amanto, Aminta homo=aminto, amonta homo=amonto, amata homo=amato, amita homo=amito, amota homo=amoto 일 것을 잊어서는 아니됩니다.

Arestitoj estas juĝotoj. aresti 얽다, juĝi 재판하다. 포박된 이는 재판받을 이외다.

Li estas lernanto kaj mi estas lerninto.

그는 배우는 이(학생)요 나는 배운 이입니다.

(참고) 동서의 인정에 따라, 각각 같은 말을 다르게 몇 마디 말하여 둡니다. 번호는 서, 없는 것은 동입니다.

1. Via letero faris al mi ĝojon.

당신의 글월이 내게 기쁨을 주었다.

Mi ĝojas pro via letero.

내가 당신 편지 때문에 기뻐합니다.

2. Urga afero lin venigis al Seulo.

급한 일이 그를 서울 가게 한다.

Pro urga afero li venis al Seulo.

급한 일 때문에 그가 서울 갔다.

3. Longa parolado lin lacigis.

긴 연설이 그를 困케 하였다.

Li lacigis pro longa parolado.

긴 연설 때문에 그가 곤했다.

4. Densa nebulo faris al mi malsanon.

 Mi malsaniĝis pro densa nebulo.

稠密한 안개가 내게 병을 만들었다.

5. Varmo fluidigas glacion.

더위가 얼음을 녹인다.

Glacio fluidiĝas pro varmo.

32. 조어법 (접두사와 접미사)

기초되는 몇 단어에 맘대로 접두어와, 접미어를 붙여 맘대로 여러 가지 말을 만들 수가 있습니다. 한데 접두사는 어근 위에, 접미사는 어근 끝에 붙인 뒤에 적당한 어미를 붙일 것입니다.

접두어.

Mal—순 반대의 뜻.

Riĉa 돈 많은 Granda 큰 Longa 긴 juna 젊은,

Malriĉa 가난한 malgranda 작은 mallonga 짧은 maljuna 늙은.

Malgranda 작은, Malriĉa 가난한, (積極的)

Negranda 작지 않은, neriĉa 돈 없는 (消極的)

Ge—남여양성을 한 때에 가르키는 뜻 (복수가 됩니다.)

Patro 父. frato 형제. studento 학생.

Gepatroj   부모.(양친)   gefratoj   兄弟姉妹.

gestudentoj 남녀학생.

Sinjoro 신사. edzo 夫. onklo 숙부.

Gesinjoroj 신사숙녀. Geedzoj 夫婦.

geonkloj 叔父叔母.

Bo—자기. 또는 친척의 결혼으로 인하여 생기는 친족

관계의 뜻.

Patro 부. frato 형제. onklo 숙부.

Bopatro 장인, 시아버지. bofrato 처남형제.

boonklo 妻叔. 姨叔父.

Bopatrino 장모. 시어머니. bofratino 妻姉妻妹.

boonklino 妻叔母. 姨叔母.

Pra―연대, 또는 시간으로 먼 뜻.

Avo 祖父. nepo 孫子. patro 父. tempo 時.

Praavo 曾祖. pranepo 曾孫. prapatro 先祖.

pratempo 古代.

EK―발단, 또는 동작의 순간의 뜻.

Brili 빛나다. plori 울다. rigardi 보다, 바라보다.

Ekbrili 번뜻 빛나다. eksplori 으악울다.

ekrigardi 슬쩍 보다, 슬쩍 바라보다.

Kanti 노래하다. haltiĝi 머물다. iri 가다.

Ekkanti 노래하기 시작하다. ekhaltiĝi 슬쩍 서다.

ekiri 문득 가다.

Re―다시 근본으로 돌아온다는 뜻.

Doni 주다. veni 오다. brili 빛나다. vidi 보다.

Redoni 갚다. reveni 돌아오다. rebrili 반사하다.

revidi 재회, 재견하다.

(고별할 때에 adiaŭ(서로 하는 안녕히 가세요, 또는 안녕히 계세요) 라고 하든지 ĝis revido(다시 보기 까지, 즉 또 봅시다) 라고 합니다.)

Dis―離散, 또는 흩어져 있다는 뜻.

Doni 주다. iri 가다. fali 넘어지다. meti 두다.

Disdoni 분배하다. disiri 흩어져 가다.

disfali 瓦解하다. dismeti 여기 저기 두다.

Eks—官, 職 같은 것을 그만 둔 때에. 前, 先의 뜻.

Ministro 대신. oficiro 사관. edzino 妻.

lernejestro 校長.

Eksministro 前大臣. eksoficiro 前士官. eksedzino 전처. ekslernejestro 전교장.

Vic—副, 次位의 뜻.

Reĝo 왕. grafo 伯爵. prezidento 회장. 대통령.

Vicreĝo 副王. vicgrafo 子爵.

vicprezidento 부회장, 부통령.

접미어.

—In—여성의 뜻.

Patro 부. frato 형제. viro 남. koko 닭. hundo 개.

patrino 모. fratino 자매. virino 여. kokino 암탉.

hundino 암캐.

 (hundo라는 것은 hundino에 대한 것이기 때문에 hundo 하면 수캐의 뜻입니다.)

한데, Ĉevalo 말. hundo 개. koko 닭. (일반남여성)

Ĉevalino 암말. hundino 암캐. kokino 암탉.

Ĉevalviro 수말. hundviro 수캐. kokviro 수탉.

이렇게 구분하여도 좋을 듯 합니다.

—Eg—강대의 뜻.

—Et—강소의 뜻.

Rivero 강. ridi 웃다. bona 좋은. pordo 문.

Rivereto 小江. rideti 미소하다. boneta 꽤 좋은.
pordeto 小門.

Riverego 大江. ridegi 大笑하다. bonega 썩 좋은.
pordego 大門.

ー Il ー 器具材料의 뜻.

Tranĉi 베다. flugi 날다. pafi 쏘다. haki 찍다.
kuraci 고치다.

Tranĉilo 칼. flugilo 비행기. pafilo 총. hakilo 도끼.
kuracilo 藥劑.

ー Ar ー 집합의 뜻.

Ŝipo 배. homo 사람. vorto 단어. arbo 나무.
manĝilo 식품.

Ŝiparo 艦隊. homaro 인류. vortaro 자전. arbaro
밀림. manĝilaro 食品一般.

ー Aĵ ー 事와 物의 뜻.

(1) 성질형용사에 붙이면 그 성질의 具體物을 표시;
Bona 좋은, nigra 검은. antikva 고대의.
korea 조선의.

Bonaĵo 좋은 물건. nigraĵo 검은 것. antikvaĵo 고물
koreaĵo 한글로 쓴 것.

(2) 명사에 붙이면 그 성질을 가진 것, 행위;
Heroo 영웅. bruto 짐승. araneo 거미. (蜘蛛)
Heroaĵo 영웅적 행위. brutaĵo 獸行
araneaĵo 거미줄.

(3) 어떤 물질로 만든 것, 그 성질을 가진 것;
Ovo 卵. oro 金. brovo 牛. ŝafo 羊.

Ovaĵo 요구레트. oraĵo 금세공. brovaĵo 우육,
ŝafaĵo 양육.

(4) 성질을 보이는 땅;
Alta 높은. kruta 가파로운. ĉirkaŭ 周圍에.
ekster 외부에.
Altaĵo 고지. krutaĵo 별개.(崖) ĉirkaŭaĵo 접경.
eksteraĵo 外觀.

(5) 동사에 붙이면 동작의 성질;
Kreski 生長하다, bruli 타다. esti 있다. aparteni 屬
하다.
Kreskaĵo 식물. brulaĵo 可燃物. estaĵo 實在物.
apartenaĵo 附屬品.
Konstrui 세우다. manĝi 먹다. legi 읽다.
trovi 발견하다.
Konstruaĵo 건축物. manĝaĵo 食品. legaĵo 讀物.
trovaĵo 發見物.
ー Ec ー성질을 추상적으로 보이는 뜻.

(1) 성질형용사에 붙이면 성질의 명사, 추상명사가
될 것;
Bona 좋은. libera 자유의. utila 유익한. juna 젊은
Boneco 善良. libereco 自由. utileco 有益.
juneco 靑春.

(2) 명사에 붙이면, 그 성질의 추상명사가 될 것;
Amiko 友. viro 사나이. heroo 영웅.
Amikeco 友情. vireca 사나이다운.
heroeco 영웅적 기질.

한데 다음과 같은 것을 잊지 말아야 합니다.

Blanka 흰. bela 아름다운. Blanko 白色.

belo 아름다움, 미 Blankeco 흼. beleco 아름답다는 미된 성질의 아름다움. (추상적)

Blankaĵo 흰 것. belaĵo 아름다운 것.

Akvo 물. propra 특유의, 고유한

Akva 물의. propraĵo 特有事物, 所有物.

propreco 특성, 고유성.

Akvaĵa 물이 있는, 물로 만든, akvohava, akvoriĉa, akvoplena. Akveca 수성이 있는.

ㅡIdㅡ 자손, 幼子, 後孫의 뜻.

Koko 닭. hundo 개. reĝo 왕.

Napoleono 나폴레옹.

Kokido 병아리. hundido 강아지. reĝido 왕자, 왕손. Napoleonido 나폴레옹의 자손.

(부기) duono(半)으로 duonpatro 繼父. duonfilo 繼子를 만듭니다.

ㅡAnㅡ단체의 일원의 뜻.

Urbo 都市. Koreo 조선. Ĥino 支那. Ruso 러시아.

Urbano 시민. Koreano 조선인. Ĥinano 중국인. Rusano 러시아인.

Kristo 그리스트. Konfucio 공자. / Kristano 예수 교신자. Konfuciano 孔子信者.(儒敎者.)

ㅡIstㅡ 從事. 職業者의 뜻.

Kuraci 治療하다. Ĥemio 화학. naturo 자연.

Kuracisto 의사. Ĥemiisto 화학자. naturisto 자연주

의자.

Instruanto 가르치는 이. (본직이 아니고 일시의)

Instruisto 교사. 교원 (본직).

ㅡUlㅡ 성질, 종류의 사람을 가르치는 뜻.

Blinda 맹목의. riĉa 부유한. konata 아는

rampi 匍匐하다.

Blindulo=blindahomo. riĉulo=homo riĉa.

konatulo 지인. rampulo 爬蟲類.

ㅡAdㅡ 동작의 連繼를 의미하는 것.

Spiri 숨쉬다(한번) paroli 말하다, pafi 쏘다.

Spiradi 호흡하다. paroladi 연설하다,

pafadi 射擊하다.

Legi 읽다, kroni 王冠 씌우다, iri 가다,

Legadi 連讀하다. kronadi 戴冠式하다.

iradi 다니다.

ㅡEjㅡ 장소의 뜻.

Lerni 배우다. kuiri 요리하다. preĝi 기도하다.

vendi 팔다.

Lernejo 학교. Kuirejo 부엌. preĝejo 敎堂.

vendejo 매점.

Soldato 兵卒. Ofico 職務. gasto 客.

necesa 필요한,

Soldatejo 兵營. oficejo 사무실. gastejo 여관.

nesesejo 便所.

Densa 茂盛한, profunda 깊은,

Densejo 茂盛한 곳. profundejo 깊은 곳.

－Uj－ 용기의 뜻.

Pomo 능금. mono 돈. sablo 모래.

Pomujo 능금나무=pomarbo. monujo 紙匣.

sablujo 모래그릇 (지갑과 같은 것)

그 밖에 나라를 표하는데 씁니다. Koreo 조선인 Koreujo 조선이라는 땅. 즉 조선인을 싣고 있는 그릇. 또 lando, io를 쓰기도 합니다. Anglo 영국인, Anglano, Anglujo, Anglio도 영국의 뜻입니다.

가령 Li estas koreujano 하면 li는 koreano가 아니지만 Korejuo에 사는 한 사람이라는 뜻입니다. 하기 때문에 국적은 관계 없이 외국인으로 와서 산다는 뜻입니다.

La koreo, kiu loĝas en Rusujo, estas Rusujano.

－Ing－ 꽂는, 또는 끼우는 용구의 뜻.

Plumo 鉛筆촉. Kandelo 洋燭. glavo 劍.

Plumingo 鉛筆대. Kandelingo 燭臺. glavingo 칼집

－Er－ 분자를 가르키는 뜻.

Sablo 모래. rizo 米. mono 돈. malsano 病.

Sablero 모래 한 알. rizero 쌀 한 알.

monero 最低金錢. malsanero 病源.

－Iĝ－ 게되다, 지다(자연히)의 뜻.

Edzo 夫. edzino 아내.

Edziĝi 지아비되다(아내 얻다)

edziniĝi 아내 되자(지아비 얻다, 시집가다)

Ruĝa 붉은. riĉa 가멘. malsano 병. bona 좋은.

Ruĝaĝi 불어지다. riĉiĝi 가멜어지다.

malsaniĝi 병들다. boniĝi 좋게 되다.

Movi 움직이다. vesti 옷 입히다.

renversi 꺼꾸려친다.

Moviĝi 움직이게 되다. vestiĝi 옷 입다.

renversiĝi 꺼꾸러지다.

Vidi 보다. trovi 발견하다. fari 하다, 만들다.

Fini 끝내다. Fermi 닫다.

vidiĝi 보이다. troviĝi 발견되다. Fermiĝi 닫히다.

fariĝi 되다, 만들어지다. Finiĝi 끝나다.

一Ig一 케하다, 시키다의 뜻.

Pura 맑은, bona 좋은, ruĝa 붉은.

Purigi 맑히다, 맑게 하다 bonigi 좋게 하다.

ruĝigi 붉히다.

Morti 죽다. Daŭri 繼續하다. veni 오다.

Mortigi 죽게 하다, 죽이다.

daŭrigi 연속케 하다. venigi 오게 하다.

Kanti 노래하다 manĝi 먹다. presi 印刷하다.

Kantigi 노래시키다. manĝigi 먹이다.

presigi 인쇄시키다.

Vidi 보다. scii 알다. koni 알다.

Vidigi 보게 하다. sciigi 알리다.

konigi 알리다. 소개하다.

Mi konas lin, sed mi ne scias lin.

Koni는 그저 아는 것이오, scii 이해의 뜻.

一Ebl一할 수 있는, 가능의 뜻. (Kiu povas esti一)

Vidi 보다. kredi 믿다. aŭdi 듣다,

Videbla 볼 수 있는, kredebla 믿을만한,

aŭdeble 들을 수 있게

ー Ind ー할만한, 가치가 있다는 뜻. (Kiu meritas)

 Laŭdi 칭찬하다. vidi 보다. diri 말하다.

Laŭdinda 칭찬할만한. vidinda 볼만한.

dirinda 말할만한.

Dirinda 말할만한, (말하여도 말 값이 있을만한)

Direbla 말할 수 있는 (말하려고 하면 넉넉히 말할 수

있는)

ー Em ー 傾向과 習性을 표하는 뜻.

Koleri 노하다. malsano 병. kredi 믿다.

Kolerema 發怒하는. malsanema 병나기 쉬운.

kredema 잘 믿는(輕信)

ー Aĉ ー 劣惡의 뜻.

Ĉevalo 말. verko 저작. poeto 시인. homo 사람.

Ĉevalaĉo 駄馬. verkaĉo 劣作.

poetaĉo 劣詩人. homaĉo 악인. 찌꺼기.

ー Ĉj ー 남성

ー Nj ー 여성

 의 애칭의 뜻. (한글에는 없습니다.)

Mario 마리아. Johano 요하노.

Patro 부. Patrino 모.

Manjo 마리아의 애칭. Joĉjo 요하노의 애칭.

Paĉjo 父의 애칭. Panjo 모의 애칭.

 {일본어에서 春○를 春ちゃん이라 하며, 花子를 花

ちゃん이라 하는 것과 같습니다.}

－Um－ 일정한 뜻이 없고, 특별한 뜻을 내이는 접미어입니다. 이것은 단어로 외오두는 것이 좋습니다.

지금 예를 들면:

Kolo 목. mano 손. sapo 비누. Okulo 눈. akvo 물. Kolumo 카라. manumo 카쯔스.

Sapumi 비누 바르다. Okulumi 目算하다.

akvumi 물뿌리다.

dato 日附. Oro 금. inko 잉크. plena 가득한.

datumi 日附치다. orumi 鍍金하다.

inkumi 잉크 넣다. plenumi 만족하다. 성취하다.

이 다음에는 준접두어라고 할 것이 얼마 있습니다만 이것은 마지막에 부록으로 하려고 합니다. 다만 지금까지 하여온 것을 여러 單字에 應用하여 새로운 單字를 만들어 보기를 바랍니다.

33. 동사의 複雜變化

紛雜동사에 esti가 보조어로 쓰일 때에는 시간관계가 복잡하여집니다.

한글에도 '간다' '갔다', '가겠다' 하는 때에는 그 변화가 단순하나, '가는 사람이오' '간 사람이오' '갈 사람이오' 하면 '가는'과 '이오'는 현재와 현재이며, '간'과 '이오'는 과거와 현재이며 '갈'과 '이오'는 미래와 현재가 되는 것과 같이 에스페란토도 또한 이와 같습니다. 능동과 수동의 현재 미래, 와 과거의 활용 이 열여덟입니다. 능동부터 말하면;

(1) 현 재

estas─anta (현 + 현)

estas─onta (현 + 미)

estas─inta (현 + 과)

 (2) 미 래

estos─anta (미 + 현)

estos─onta (미 + 미)

estos─inta (미 + 과)

 (3) 과 거

estis─anta (과 + 현)

estis─onta (과 + 미)

estis─inta (과 + 과)

 (1) Li estas vojaĝanta.(homo) 그 이가 여행하는 중이요. (현 + 현)

 (1) Li estas vojaĝonta.(homo)
그 이가 여행하려고 하오. (현 + 미)

 (1) Li estas vojaĝinta.(homo)
그 이가 여행을 다 하고 있소. (현 + 과)

 (2) Kiam vi venos morgaŭ, li estos skribanta leteron, (미 + 현)
당신이 내일 올 때에, 그이는 편지를 쓰면서 있겠다.

 (2) Kiam vi venos morgaŭ, li estos skribonta leteron, (미 + 미)
당신이 내일 올 때에, 그이는 편지를 쓰려고 하겠다.

 (2) Kiam vi venos morgaŭ, li estos skribinta leteron, (미 + 과)
당신이 내일 올 때에, 그이는 편지를 다 쓰고 있겠다.

(3) Kiam mi venis hieraŭ, li estis skribanta leteron. (과 + 현)

어제 내가 왔을 때에, 그이가 편지를 쓰면서 있었다.

(3) Kiam mi venis hieraŭ, li estis skribonta leteron. (과 + 미)

어제 내가 왔을 때에, 그이가 편지를 쓰려고 하였다.

(3) Kiam mi venis hieraŭ, li estis skribinta leteron. (과 + 과)

어제 내가 왔을 때에, 그이가 편지를 다 쓰고 있었다.

다음에는 수동을 말하면;

(1) 현 재

estas—ata (현 + 현)

estas—ota (현 + 미)

estas—ita (현 + 과)

(2) 미 래

estos—ata (미 + 현)

estos—ota (미 + 미)

estos—ita (미 + 과)

(3) 과 거

estis—ata (과 + 현)

estis—ota (과 + 미)

estis—ita (과 + 과)

(1) Li estas batata.

그이가 맞으면서 있소. (현 + 현)

(1) Li estas batota.

그이가 맞으려고 하오. (현 + 미)

(1) Li estas batita.

그이가 다 맞고 있소. (현 + 과)

(2) Kiam mi revenos, la domo estas konstruata. (미 + 현)

내가 돌아올 때에, 집이 건축되면서 있겠소.

(2) Kiam mi revenos, la domo estas konstruota. (미 + 미)

내가 돌아올 때에, 집이 건축되려고 하겠소.

(2) Kiam mi revenos, la domo estas konstruita. (미 + 과)

내가 돌아올 때에, 집이 다 건축되고 있겠소.

(3) Kiam li mortis, lia domo estis konstruata. (과 + 현)

그가 죽던 때에, 그이의 집이 건축되면서 있었다.

(3) Kiam li mortis, lia domo estis konstruota. (과 + 미)

그가 죽던 때에, 그이의 집이 건축되려고 하였다.

(3) Kiam li mortis, lia domo estis konstruita. (과 + 과)

그가 죽던 때에, 그이의 집이 다 건축되고 있었다.

이 아래는 예로 얼마를 들어놓습니다.

La letero estas skribata de li. de li는 그에게.

La letero estas skribota de li.

La letero estas skribita de li.

Kiam mi venis, la letero estis skribata. Kiam mi venis, la letero estis skribota.

Kiam mi venis, la letero estis skribita.

Kiam mi venos, la letero estos skribata.

Kiam mi venos, la letero estos skribota.

Kiam mi venos, la letero estos skribita.

Kiam mi iras, la birdo estas fluganta.

flugi 날다.

Kiam vi venas al mi, la homo estas ironta.

Kiam li iros, ili estos manĝantaj.

Kiam lia amiko revenos, li estos mortonta.

reveni 歸. morti 死.

Kiam li mortos, lia filo estos alveninta.

alveni 도착하다.

Kiam ŝi estis juna, ŝi estis lernanta.

lerni 배우다

Kiam mi esperanton instruis, li estis lernonta.

instrui 가르치다.

Kiam li estis riĉa, li estis dirinta veron.

vero 眞實 diri 말하다.

(주의) 이 동사의 복잡변화는 시간을 엄정히 할 필요가 없는 이상에는 단순변화를 써도 좋습니다.

La patro estas leganta libron.

아버지가 책을 읽으면서 있다.

= La patro legas libron. 아버지가 책을 읽는다.

Kiam li estis reveninta al la domo, lin insultis lia patro.

= Kiam li revenis al la domo, lia patro lin

- 70 -

insultis.

그가 집에 돌아온 때에, 그의 아버지가 그를 욕했다.

Kiam mi estos fininta mian laboron, mi serĉos la libron.

= Kiam mi finos mian laboron, mi serĉos la libron. 내가 내일을 끝낼 때에, 내가 그 책을 찾겠다.

Kiam li venis, mi estis fininta mian verkaĵon.

= Kiam li venis, mi jam antaŭe finis mian verkaĵon.

= Antaŭ ol li venis, mi finis mian verkaĵon.

그가 왔을 때에, 나는 바로 전에 나의 작품을 끝냈다.

Kiam li venos, mi estos fininta mian laboron.

= kiam li venos, mi jam antaŭe finos mian laboron.

= Antaŭ ol li venos, mi finos mian laboron.

그가 오려기 전(오려기보다 전에)에, 나는 내 일을 끝내겠다.

34. 相關詞(Kunrilataj vortaj)

一團의 대명사, 대형용사와 부사가 瓦相*聯하는 것을 총칭하여 상관사라 합니다. 한데 그 수가 45입니다.

(1) Kio, kia, kiu, kies, kiel, kial, kiam, kie, kiom 과 같은 것, 즉 Ki로 된 말들은, 무엇, 누구하는 疑問詞이며, 또는 關係詞도 되고,

(2) Tio, tia, tiu, ties, tiel, tial, tiam, tie, tiom 과 같은 것, 즉 Ti로 된 말들은 '그' '저'하는 지시사이며

(3) Io, ia, iu, ies, iel, ial, iam, ie, iom 과 같은 것, 즉 I로 된 말들은 '무엇인지' '혹'하는 불명한 것을 표하는 부정사이고,

 (4) Ĉio, ĉia, ĉiu, ĉies, ĉiel, ĉial, ĉiam, ĉie, ĉiom 과 같은 것, 즉 Ĉi로 된 말들은 各個, 全體를 표하는 總稱詞이며,

 (5) Nenio, nenia, neniu, nenies, nenial, neniel, neniam, nenie, neniom 과 같은 것, 즉 Nen으로 된 말들은 '도……아니'의 부정사입니다.

 (A)―O로 끝난 상관사들은 무형, 또는 유형의 일반적 사건을 뜻하는 것입니다. 목적격이 되면 N을 붙이고 복수는 되지 못합니다.

Io estas sur la tablo.

무엇인지 탁자 위에 있다.

Ion li havas en sia mano.

그가 손에 무엇인지 가졌다.

Io estos pli bona ol nenio.

무엇이나 있으면 없는 것보다는 좋다.

Nenio estas en la ĉambro.

房 안에 아무 것도 없다.

Nenion li havas.

그는 아무 것도 가진 것이 없다.

Nenion mi povis vidi. 아무 것도 볼 수가 없었다.

Ĉio estas bona. 萬事好矣.

Fine li rakontis ĉion.

나중에는 그가 모든 것을 말했다.

- 72 -

Ĉio estas en ordo. 萬事가 整理되다.

Tio estas granda demando.

그것은 큰 질문이다.

Tion mi forgesis. 그것을 내가 잊어버렸다.

Kion vi diros pri tio?

그것에 대하여 무엇을 그대가 말하겠나?

Kio estas al vi?

그대에게 무엇이 있나? (무슨 相關이야)

Kion vi volas havi?

무엇을 그대가 가지고 싶은가.

  (B)―U로 끝난 말들은 명사, 형용사와 같이 씁니다.
목격 n과 복수 j가 됩니다.

Ĉu iu venis?

누구가 왔습니까? (또는 아니 왔습니까)

Ĉu vi iun scias? 그대가 혹 누구를 압니까?

Neniu estas en salono. 객실에 아무도 없습니다.

Neniu venis. 아무도 오지 않았다.

Neniun mi atendas. 아무도 나는 기다리지 않는다.

Kiu diris? 누구가 말하였습니까.

Kiun vi volas viziti?

누구를 방문하고 싶습니까.

Al kiu vi sendis?

누구에게 그대가 보내겠습니까.

Tiuj estas miaj fratoj.

저이들은 나의 형제입니다.

Tiun libron mi ne legis.

그 책들을 내가 읽지 못하였다.

Ĉiu amas sin mem.

각인이 자신을 사랑한다.

Mi sendis ĉiujn miajn verkaĵojn.

나는 나의 모든 작품을 보냈다.

Ĉiu lin konas. 각인이 그를 안다.

(C)ㅡa 로 끝난 말들은 성질, 종류를 뜻하는 대형용사입니다. 목적격 n과 복수 j가 붙습니다.

Ĉu la vorto havas ian alian signifon?

그 글자에 어떤 다른 뜻이 있습니까?

Ia homo vin helpos.

어떤 사람이 그대를 돕겠다.

Tian homon mi ne vidis.

그런 사람은 내가 보지 못했다.

Kiaj homoj ili estas?

그들이 어떤 사람들입니까?

La akvo prenas ĉian formon laŭ la ujo.

물은 그릇에 따라 여러 가지 모양을 한다.

Homoj havas ĉiajn opinion.

사람들은 여러 가지 의견이 있다.

Nenia arbo estas en la dezerto.

사막에는 아무런 나무도 없다.

Nenian arbon oni vidas en la dezerto.

사막에는 아무런 나무를 볼 수가 없다.

(D)ㅡes로 끝난 말들은 소유를 표하는 형용사 같이 씁니다. 목적격도 복수도 되지 못합니다.

Kiam ŝi estos matura, ŝi fariĝos ies edzino.

그 여자가 어른이 되면, 어떤 이의 아내가 될 것이다.

Ies perdo ne estas ĉiam ies gajno.

어떤 이의 損害가 항상 어떤 이의 이익이 못 된다.

Li havas ies libron.

그가 누구의 책인지 가지고 있다.

La suno estis nenies (posedantaĵo)

태양은 아무 사람의 소유도 아니다.

Ni havas nenies opinion pri tio.

그것에 대하여 아무의 의견도 없다,

Ĉies opinio estas malsama.

각인의 의견이 다르다.

Kiu povas unuigi ĉies penson?

각인의 생각을 누구가 일치시키겠습니까?

Kies plumon vi havas?

누구의 연필을 가졌습니까?

(주의) ties는 제3인칭 소유대명사로 쓸 수가 있기 때문에 많이 쓰지 않습니다.

(E)－al로 끝난 말들은 이유를 뜻하는 代副詞인데 목적격, 복수가 되지 못합니다.

Ial li ne skribis al mi.

무슨 때문인지, 그가 내게 편지하지 않았다.

Kial li ne skribis al mi? 무슨 까닭에, 그가 내게 편지를 안하였습니까?

Tial la instruisto punis lin.

그 때문에 선생이 그를 벌하였다.

Ĉial li mokas vin.

여러 가지 이유로 그가 그대를 비웃는다.

Kial vi ne respondas?

어찌하여 대답을 아니합니까?

Nenial mi ne aŭdis vian demandon.

아무 이유도 없습니다, 내가 그대의 질문을 듣지 못한 까닭입니다.

(F)—el 로 끝난 말들은 狀態, 방법을 뜻하는 부사인데, 목적격, 복수가 되지 못합니다.

Iel li trovis rimedon.

어떻게 하여 방법을 알았다.

Kiel li trovis rimedon?

어떻게 그가 방법을 알았습니까?

Se mi povis, mi volas tiel agi.

만일 할 수만 있으면 그렇게 하고 싶다.

Oni ĉiel min mokas.

세상에서는 여러 가지로 나를 嘲笑한다.

Neniel mi povas fari.

아무렇게 하여도 나는 할 수가 없다.

(G)—am 으로 끝난 말들은 때를 뜻하는 대부사인데, 또한 목적격도 복수도 되지 못합니다.

Iam mi vidis lin. 어느 때 내가 그를 보았다.

Kiam li venis? 언제 그가 왔었습니까?

Tiam mi estis en Seulo.

그 때에 내가 서울 있었습니다.

Ĉiam mi vidas lin. 항상 나는 그를 봅니다.

Neniam mi vidis lin.

언제나 나는 그를 보지 못하였습니다.

　(H)ㅡe로 끝난 말들은 장소를 뜻하는 대부사인데, 목적격 N은 되나 복수는 되지 못합니다.

Ie loĝis malriĉa knabino.

어떤 곳에 가난한 소녀가 살았다.

Kie loĝis la malriĉa knabino?

어디에, 가난한 소녀가 살았나?

Tie mi vidis vian filon.

그 곳에서 그대의 아들을 보았다.

Ĉie estas Esperantistoj.

가는 곳마다(到處에) 에스페란토 사용자가 있다.

Nenie estas tia homo.

아무 데도 그런 사람도 없다.

　(G)ㅡom 으로 끝난 말들은 수와 양을 뜻하는 대부사인데, 목적격도 복수도 되지 못합니다.

Mi aĉetis iom da kafo.

내가 커피 차를 얼마 샀다(조금).

Hodiaŭ estas iom varme.

오늘은 얼마큼 덥다.

Kiom da mono vi havas?

돈을 얼마나 가졌습니까?

Tiom mi nepre bezonas.

그만큼은 반드시 쓰여야겠습니다.

Kiom da akvo estas?

물이 얼마나 있습니까?

Li perdis ĉiom da mono.

그는 있는 돈을 다 잃었다.

Neniom da vino restas.

술이 조금도 남지 못하였소.

Neniom li pagas. 조금도 내지 않습니다.

(참고) 질문상관사는 그 자신이 질문이기 때문에 Ĉu 라는 問標를 쓰지 못합니다. 하고 언제나 글 머리에 두는 것입니다. Ĉu vi iras? 할 때는 좋으나, Ĉu kie vi estas? 하면 잘못이고 Kie vi estas? 하여야 옳습니다.

하고 부정의 상관사 io, iu, ia와 kio, kiu, kia 와 같은 것을 구별하지 못하는 이가 있는 듯 합니다. 그것은 io의 상관사는 질문도 아무 것도 아니고 불명한 것이며, kio의 상관사는 질문임을 주의하면 그만일 듯 합니다.

35. ĉi와 ajn의 용법과 및 상관사에 대하여

(1) 상관사 지시인 tio, tiu, tie에 ĉi를 붙이면 썩 가까운 뜻이 됩니다.

Tio 그것. tio ĉi, 또는 ĉi tio 이것.

Tiu 그것, 그. tiu ĉi, 또는 ĉi tiu 이것, 이.

Tie 그곳 tie ĉi, 또는 ĉi tie 이곳,

Tie estas ŝtono kaj tie ĉi estas arbo.

그 곳에는 돌이 있고, 이 곳에는 나무가 있다.

Tiu estas via kaj tiu ĉi estas lia.

그것은 너의 것이고, 이것은 그의 것이다.

Ĉi는 가까운 뜻이기 때문에 다른 글자에 붙여 더 가까운 뜻을 만들 수가 있습니다.

 (2) ajn을 상관사에 붙이면 無差別의 뜻이 됩니다.

Kiu 누구. Kie 어디. kio 무엇

Kiu ajn 누구든지. Kie ajn 어디든지.

Kio ajn 무엇이든지.

Kiu ajn diras, mi ne kredas.

누구가 말하더라도, 나는 믿지 않는다.

Kiu ajn povas eniri. 누구든지 들어올 수가 있다.

Kiel skribu. 아무렇게라도 쓰거라.

Kiam ajn li venos, mi estas preta.

어느 때 오더라도 나는 준비하고 있다.

Kie ajn vi iros, vi estas mia amiko.

어디를 가든지, 너는 내 친구다.

Venu, kiam ajn vi volus.

언제든지 願이거든 오시오.

한데 iu와, ĉio에 붙이기도 합니다.

Iu ajn venu. 누구든지 오거라.

Kiu ajn venu. 와 같습니다.

Ĉiu ajn povas fari.

누구든지(사람마다) 할 수 있다.

 (3) 상관부사에 o와 a를 붙이어, 명사와 형용사를 만들 수 있습니다.

Tiam 그 때에, Tiama 당시에, Ĉiam 항상, Ĉiama 항상의.

Tie 그 곳에, Tiea 그 곳의, Kial 何故로, Kialo 이유

Kiom da horo? 몇 시간 동안?

Tri horoj 세 시간 동안.

Kioma horo estas nun?

지금 얼마만의 시간인가(몇 시인가)?

Nun estas la tria horo.

지금 셋째 시간이오(세시이오).

Ĉu vi demandas al vi kialon?

그대가 내게 이유를 묻습니까.

Li estas tieulo (tien homon).

그는 그 곳 사람이다.

Li estis tiama homo.

그는 그 때의 사람이다.

상관사의 용법에 대한 주의가 있습니다.

 (1) Li faris tion kaj tion.

그가 이러이러한 일을 하였다 (如此如此한)

 (2) Sinjoro tiu-kaj-tiu.

이러이러한 사람 (누구라든가 하는 사람들)

 (3) Kiel mi diris, li koleras.

내가 말한 것과 같이 그가 노하였다. kiel 과 같이.

 (4) Iel tiel ĉio iras.

이럭저럭 모든 것이 잘 되어간다. (iras 되어간다)

 (5) La afero iras glate. 일이 잘되어간다.

glate 미끄러지는 듯이, 好運으로

 (6) Ĉiam ankoraŭ li nur ridetas.

언제나 그는 미소할 뿐이다.

 (7) Li ŝatas lian viziton pli ol ies ajn.

그는 그의 방문을 누구의 방문보다 더 좋아했다.

36. 無主動詞

천지자연의 현상으로 동작에 주인 없는 경우가 있습니다. 비가 온다든가, 눈이 내린다든가 하는 것입니다. 이것은 우리말과 같습니다.

Pluvas. 비 온다. Tondris. 우레질 하였다.

Neĝas. 눈 온다.

Terure ventegas. 무섭게 폭풍우다

Veniĝu jam mateniĝis.

깨시오, 벌써 밝았습니다.

Hodiaŭ estas iom mavarme. 오늘은 얼마큼 춥다.

En somero estas gaje. 여름에는 愉快하다.

Kiam vi venis al mi, ankoraŭ estas mallume kaj malvarme.

그대가 내게 왔을 때는 아직도 어둡고 추웠다.

(주의) 이러한 말에는 주인이 없고 동사만 있기 때문에, mallume, malvarme의 분사가 되었습니다.

주인이 있으면 estas malluma, varma 가 되었을 것입니다. 형용사는 명사를, 부사는 동사와 형용사를 위하여 있는 것입니다.

37. 동작분사의 명령과 및 가정, 또는 부정법
먼저 능동을 쓰고 다음에 수동을 씁니다
현재명령 (estu-anta), (estu-ata) (명 + 현)
Kiam mi revenos, estu laboranta.

내가 돌아올 때에 일하면서 있으라.

Ĉiam estu amata de ĉiuj.

항상 모든 사람에게 사랑을 받으면서 있으라.

미래명령 (estu-onta), (estu-ota) (명 + 미)

Kiam li venis, estu legonta.

그가 왔을 때는 읽으려고 하라.

Ĉiam estu amota de ĉiuj.

항상 모든 사람에게 사랑 받으려고 하라.

과거명령 (estu-inta), (estu-ita) (명 + 과)

Kiam mi venos, estu fininta skribon.

내가 올 때에는 글을 다 쓰고 있으라.

Kiam li vokos, estu finita.

그가 부를 때에는 다 끝내고 있으라.

현재가정법 (estus-anta), (estus-ata) (가 + 현)

Kiam vi venas, li estus laboranta.

그대가 올 때에는 일하면서 있을 듯하다.

Ŝi estus amata de la patrino.

그 여자가 어머니에게 사랑 받으면서 있을 듯 하다.

미래가정법 (estus-onta), (estus-ota) (가 + 미)

Se li diris, vi estus faronta tion.

만일 그가 말하였더면 그것을 하려고 할 것을.

Se ŝi diris veron. ŝi estus amota.

진실을 말하였더면, 그 여자가 사랑받으려고 할 것을.

과거가정법 (estus-inta), (estus-ita) (가 + 미)

Se li estus dirinta la veron, mi ne farus eraron.

그가 만일 진실을 말하고 있었으면 나는 잘못을 하지 않을 것을.

Se mi ne estus helpita, mi estus sukcesinta.

내가 만일 도움받지 않았으면, 나는 성공하였을 것을.

한데 능동법은 많이 쓰지 않습니다.

현재부정법 (esti-anta), (esti-ata) (부 + 현)

Ĉiam esti kantanta lacigis ŝin.

항상 노래하며 있기가 그 여자를 곤케 하였다.

Ŝi volas esti laŭdata de li.

그 여자가 그에게 칭찬받으며 있고 싶어한다.

미래부정법 (esti-onta), (esti-ota) (부 + 미)

Li ne volas esti ironta.

그는 가려고 하기를 원치 않는다.(가고 싶어 않는다.)

Li ne volas esti laŭdota.

그는 칭찬 받으려 하기를 원치 않는다.

과거부정법 (esti-inta), (esti-ita) (부 + 과)

Mi volas esti dirinta la veron

나는 진실을 말한 것으로 있기를 원한다.

Esti trompita de li, mi estas malsaĝa.

그에게 속은 것이 내가 바보다.

이것도 또한 능동법을 많이 쓰지 아니합니다, 하고 주격에 미래를 쓰기는 하나, 많이 쓰지 않는 것을 한 마디 하여 둡니다.

38. 關係詞

상관사 중에 질문사는 관계사로 씁니다. 이것은 전에

얼마를 말하여 둔 줄 압니다.

La Ĥemiisto, kiu studas kaj legas, estas ĥino
연구하며 독서하는 화학자는 중국인입니다.

이 말의 kiu는 Ĥemiisto를 가르친 것으로,
다시 고치면,

La Ĥemiisto estas ĥino.
연구자는 중국인입니다.

Kiu studas kaj legas.
그 사람(누구?) 연구하며 독서한다.

이와 같이 되는 kiu는 관계사도 되며, 같은 때에
studas kaj legas의 주인도 됩니다.

La Ĥino, kiun mi vidis hieraŭ, estas
literaturisto.
어제 내가 본 중국인은 문학자입니다.

La Ĥino estas literaturisto.
중국인은 문학자이다.

Kiun mi vidis hieraŭ.
그 사람을(누구?) 내가 어제 보았다.

La Ĥino, al kiu mi skribis, estas Esperantisto.
내가 편지한 중국 사람은 에스페란토 사용자이다.

La Ĥino estas Esperantisto.
중국인은 에스페란토사용자

al kiu mi skribis
그 사람에게(누구에게?) 내가 편지를 하였다.

La Ruso, pri kiu mi parolas, estas poeto.
내가 말하는 러시아 사람은 시인이다.

La Ruso estas poeto.
러시아 사람은 시인이다.
Pri kiu mi parolas.
그 사람에게 대하여 (누구?) 내가 말한다.
용례.

  (A) Kiu 는 사람, 사물을 또 뜻(쯧)합니다.
Jen estas la pomo, kiun mi trovis.
여기 내가 발견한 능금이 있다.
Tiu, kiu estas kontenta, estas feliĉa.
만족하는 바, 그 사람은 행복이다.
Tiu estas feliĉa. 그 사람은 행복이다.
Kiu estas kontenta.
그 사람은(누구? Kiu? Tiu) 만족하다.
La domo, en kiu oni preĝas, estas preĝejo. 사람
이 기도하는 바 집은 교회이다.
La domo estas preĝejo. 그 집은 교회이다.
En kiu oni preĝas.
그 안에서 (어느 안?) 사람이 기도한다.
Mi ne amas infanon, kiu ne obeas siajn
gepatrojn.
나는 자기의 양친에게 服從치 않는 아이를 좋아 않는다.
Tiuj, kiuj volas eniri, devas pagi po du frankaj.
들어오고 싶은 바, 그 사람들은 두 쁘랑씩을 반드시
내야 한다.
Ĉiuj, kiuj venis, estis bonaj studentoj.
왔던 바, 모든 사람들은 좋은 학생이었다.

(B) Kio 는 事와 物을 뜻합니다.

Ĉio, kion li diras, estas vera.

그가 말하는 바, 모든 것이 진실이다.

Li kredas ĉion, kion oni diras al li,

그에게 말하는 바, 모든 것을 그는 믿는다.

Ĉu vi komprenas tion, kion mi diras? aŭ ĉu vi komprenas, kion mi diras?

내가 말하는 바, 그것을 이해합니까?

Ĝi estas la plej bona, kion mi faris en mia vivo. 그것은 나의 一生中에 한바, 가장 좋은 것이다.

(C) Kies 는 소유를 뜻하는 말입니다.

Li estas mensogulo, kies parolon neniu kredas.

그는 그의 말을 아무도 믿지 아니하는 거짓말쟁이다.

Li estas mensogulo. 그는 거짓말쟁이다.

Kies parolon neniu kredas.

그 사람의(누구의?) 말을 아무도 믿지 않는다.

La sinjoro, al kies filo mi instruas Esperanton, donis al mi libron.

그의 아들에게 에스페란토를 내가 가르치는 신사가 내게 책을 주었다.

La sinjoro donis al mi libron.

그 신사가 내게 책을 주었다.

Al kies filo mi instruas Esperanton.

그 사람의 아들에게 내가 에스페란토를 가르친다.

(D) Kia 는 상태, 성질을 뜻합니다.

Li estas tia homo, kian mi neniam vidis.

그는 내가 보지 못하던 바, (kia) 그러한 사람이다.

Li estas tia homo. 그는 그러한 사람이다.

Kian (homon) mi neniam vidis.

그러한(어떤 사람인고?) 사람을 내가 보지 못했다.

Mi ne amas homojn, kiaj ili estas.

나는 그들과 같은 사람들을 사랑치 않는다.

Mi ne amas (tiajn) homojn.

나는 그러한 사람들을 사랑치 않는다.

Kiaj ili estas.

그러한 사람들로(kiaj) 그들이 있다.

(E) Kiel 은 狀態를 뜻합니다. Tiel 과 같이

Mi estas tiel forta, kiel vi (estas forta.) 나는 그 대와 같이(그대가 힘쓰는 것과 같이) 그렇게 힘쓰다.

Mi ne timas tiajn homojn kiel li.

나는 그와 같은 그런 사람들을 무서워하지 않는다.

Li tremas kiel aŭtuna folio.

그대는 가을 木葉과 같이 떨고 있다.

Mi faros same, kiel vi (=mi faros tiel same, kiel vi faras)

나는 그대와 같이 같게 하겠다. (나는 그대가 하는 것 과 같이 그렇게 같이 하겠다.)

Mi faris kiel vi ordis al mi.

나는 당신이 명령한대로 하였습니다.

(F) Kiam은 때를 뜻합니다.

Kiam mi estis juna, (tiam) mi estis riĉa.

내가 젊었을 때에, (그 때에) 나는 부자였다.

예를 들면 다 이런 것이겠습니다. 다음에 또 말하기로
하고, 다음에는 몇 개를 말하겠습니다.

Kie estas flumo, tie estas fajro.

연기가 있는 바 그 곳에는 불이 있다.

Prenu (tiom), kiom vi volas.

그대가 원하는 것만큼 (그만큼) 가져라.

Prenu, kiom ajn vi volas.

얼마든지 願이면 가져라.

Kiom da kapoj, tiom da opinioj.

머리수만큼, 그만큼한 의견. (십인십색)

Prenu tion, kion vi bezonas.

그대가 쓸 바 그것을 가지라.

Prenu, kion ajn vi bezonas.

쓸 터이면, 무엇이든지 가지라.

Kion vi ne faris hieraŭ, tion vi ne faros eterne.

어제 하지 못한 것은 영구히 하지 못합니다.

Ĉu tio ĉi estas la libro, pri kiu vi parolis
hieraŭ? 이것이, 昨日 말씀하신 그 책입니까.

Pri kiu = la libro.

39. 접속사에 대하여

단순히 語句만 連續시키고, 어구의 각 부분에 조금도
관계 없는 것이 있습니다. 그것은 말하자면

Aŭtuno kaj vintro. 가을과 겨울.

Hundo estas besto kaj kolombo estas birdo. 개
는 짐승이오, 비둘기는 새입니다.

그러나, 접속사의 어떤 것은 文의 부분을 접속시키고, 그 부분으로 服從케 하는 것이 있습니다.

Mi diris, ke li mortis.

내가 그이가 죽었다고 말하였다.

Mi scias, ke li estas honesta.

그이가 정직한 것을 내가 압니다.

둘 이상의 접속사가 다른 문구와 이어져, 서로 호칭하는 것이 있습니다.

Ĉu vi venos aŭ ne?

당신이 오겠는지 아니 오겠는지?

Ju pli mi lernas, des pli mi interesiĝas.

Ju pli…des pli 수록…더하다.

배우면 배울수록, 더 재밌게 간다.

Li ne sole ŝtelis, sed homon mortigis.

ne sole…sed 뿐 아니고…도 했다.

그가 도적질하였을 뿐 아니고, 사람을 죽였다.

La nokto estas tiel malluma, ke nenion mi povos vidi.

밤이 내가 아무 것도 보지 못할만큼 어두웠다.

tiel…ke 만큼.

Mi havas tiom da manĝaĵo ke mi devas doni ĝin.

내가 주지 아니하면 아니될 만큼 먹을 것을 가졌다.

Mia amiko, aĉetu tiom, kiom vi poas bezoni.

벗이어, 그대가 쓸 수 있는 만큼, (그만큼) 사시오.

Ĉu hodiaŭ estas varme aŭ malvarme?

오늘이 덥습니까 또는 춥습니까.

Li amas min, sed mi lin ne amas.

그이가 나를 사랑한다, 마는 나는 그이를 사랑치 않는다.

Vi estas feliĉa, sed mi dubas.

그대는 행복이라 하나, 나는 疑心하오.

Estu revenita, antaŭ ol mi venos al vi.

내가 그대한테 오기 전에 돌아오시오.

40. 관계사의 용법

Mi iras tie, kien vi iras.

내가 그대 가는 바 그 곳으로 간다.

Mi iras en la ĝardenon, kie floras blankaj rozoj.

나는 흰장미꽃이 핀 바, 그 화원으로 간다.

La urbo, kien vi volas iri, estas tre malproksima.

그가 가려고 하는 도시는 대단히 멀다.

En la tago, kiam mi estis juna, mi havis multe da mono.

내가 젊었을 때, 그 때에는, 내가 돈을 많이 가지고 있었다.

Kiam ŝi estis juna, tiam ŝi estis tre bela.

그 여자가 젊었을 때에, 그 때에 그 여자가 대단히 아름다웠다.

Kiam ni estas en dormo, ni havas nenian volon.

우리가 잘 때에는, 우리는 아무런 욕망이 없다.

41. 問投疑問

問投詞라는 것은 글 전체가 의문이 되는 것이 아니고, 그 글의 한 부분이 의문되는 것입니다.

Mi dubas, ĉu li venos.

그가 올지, 나는 의심합니다.

Mi ne konas, kie vi estis.

그대가 어디 있었는지, 나는 몰랐다.

Mi volas koni, kiel li fartas.

그이가 어떻게 지내는지, 알고 싶었다.

Diru al mi, kie vi estis.

그대가 어디 있었는지, 내게 말하라.

Ĉu vi scias, kial li ne venas?

그가 어찌하여, 안 오는지 압니까?

Diru al mi, kiu li estas.

그가 누구인지, 내게 말하오.

Mi ne konas, kio ĝi estas.

그것이 무엇인지, 나는 모르오.

부정법으로 된 것도 있습니다.

Mi ne konas, kion fari.

무엇을 할지, 나는 모릅니다

Klarigu, kiel elparoli tiun ĉi vorton.

이 글자를 어떻게 발음하는지, 설명하여 주오.

Kiamaniere praktiki, estis la demando.

어떠한 모양으로, 實用할는지, 問題입니다.

Mi ne konas, ĉu esti aŭ ne esti.

살지 죽을지, 나는 모른다.

Neniu scias, kiam li revenas.

그가 언제 돌아올지, 아무도 모른다.

Ĉu vi konas, kies libro ĝi estas.

그것이 뉘 책인지 압니까?

Mi ne volas koni, kiom da mono li havas.

그이가 돈을 얼마나 가졌는지, 알고 싶지 아니하다.

42. 感歎語

의문사가 感歎하는 말도 됩니다.

Kia homo li estas?

그이가 어떠한 사람입니까.

Kia homo li estas!

아, 그가 어떠한 사람인고!

Kia granda brulo! 아, 어떻게 큰 불인고!

Kia ĝoja festo! 어떻게 기쁜 축일인가!

Ha, kiel bele (ĝi estas)!

아, 어떻게 아름다운고!

Dio mia, kion vi faras!

아아, 하느님이여, 이 왠일이요!

Ve kion vi faris! 아아, 그게 무슨 일이야!

43. unu와 alia의 용법

Unu kun la alia 서로.

Ili konsilas unu kun la alia.

그들이 하나이 다른 이로 더불어 의논한다.

Ili amas unu la alian.

그들이 서로 (unu la alian) 사랑한다.

Metu la libron unu sur la alian.

책을 하나 위에 하나를 두시오 (덧 엎어두어라)

Mi havas multe da floroj, unuj estas nigraj kaj la aliaj estas ruĝaj.

내가 꽃을 많이 가졌다. 한 편들은 검고, 다른 한 편들은 붉은 것이다.

44. 문구의 排列

에스페란토 문구의 배열은 자유로웁니다. 배열의 規則은 조금도 제한 있는 것이 아닙니다. 문장법이 서로 다른 국민에게는 이러한 국제어가 필요할 것이며, 또는 이러하지 아니하여서는 아니될 것입니다. 문구의 배열이 자유롭게 되는 것은 다른 때문이 아니고, 목적격이 있는 때문입니다. 다만 어떻게 하든지 읽기 좋게, 音調 좋게 하면 그만입니다. 규칙이라고는 아무것도 없습니다. 문장을 이루는 것은, 주격, 설명어와 목적격 세 가지로 되는 것입니다. 그 다음에는 이 세 가지를 곱게 하는 형용사라든가, 부사라든가 하는 것이 있습니다. Knabo legas libron 하면 knabo는 주격, legas 설명어, libron 는 목적격입니다.

Malriĉa homo manĝas malmolan panon.

이렇게 됩니다. 문장론에는 들어가지 아니하려고 합니다. 글자의 배열에 참고로 몇 마디 하려는 것은

(A) 제일 자연된 배열입니다. 이것은 주격-설명어(동사)-목적격(또는 補足語)의 순서입니다.

Mi vidis vin, ŝi iras ĉerpi akvon.

Leono estas forta.

 (B) 특별히 힘을 주는 말을 전방에 두는 것이 보통입니다.

Jen estas pomo. 야, 여기 능금이 있다.

Pardoni mi ne povas, 容恕, 나는 못해.

Mian hundon li batis. 나의 개를, 그놈이 때렸다.

La krajono kuŝas sur la tablo.

그 연필이면 의자 위에 있다 (연필이 주인)

Sur la tablo kuŝas la krajono.

탁자 위에 연필이 있다 (있는 곳만 가르친 것)

 (C) 대명사(인칭대명사, 상관대명사)가 목적격이 된 때에는 뒤에 두는 것보다 앞에 두는 것이 음조가 좋아집니다.

Mi tion ne faris. 그 것을 하지 못하였다.

Mi volis lin bati. 그 녀석을 때리고 싶었다.

Mi lin ne amas. 그 놈을 내가 좋아안한다.

 (D) 의문사는 첨에 두는 것이 가장 좋습니다.

Ĉu vi venos? 그가 오겠나?

Al kiu vi sendas? 누구에게 보냅니까?

Pri kia homo vi parolas 어떤 이의 이야기입니까?

Kion vi faras? 무엇을 하나?

Kiam vi rivenos? 언제 돌아오겠나?

問投疑問에서는 접속사의 지위에 있게 됩니다.

Mi ne volas scii, kiu li estas.

그가 누군지 알고 싶지 않다.

Ĉu vi demandis, kie mi loĝas?

내가 어디 사느냐 말씀입니까?

Ŝi estas blinda, kio okazis.

무엇이 일어났는지, 그 여자가 조금도 몰랐다.

  (E) 부정사는 부정할 말 앞에 두는 것이 좋습니다.

Li ne havas monon. 그는 돈이 없어요.

Mi neniam vidis. 아직 본 적이 없습니다.

Mi ne sendis la libron. 나는 책을 보내지 않았다.

Ne mi sendis la libron.

책을 보낸 것은 내가 아닙니다.

  (F) 형용사는 형용하는 말의 전후에 두는 것이 좋습니다.

Bona homo, homo bona. Jen estas floro bela, aŭ bela floro.

Io blanka estas sub la tablo.

  (G) 부사는 그 관계하는 동사, 형용사의 앞에 두는 것이 좋습니다.

Hundo rapide kuras.

Kie estas la hundo tre rapide kuranta?

어디, 대단히 빨리 달아나는 개가 있습니까?

En la nokto ni vidas belajn stelojn.

La lastan dimanĉon li veturis al Lundono.

지나간 일요일에 그가 런던으로 갔다.

Li ekstreme volas riĉiĝi.

그가 부자되기를 대단히 원한다.

Li volas ekstreme riĉiĝi.

그가 대단한 부자 되기를 원한다.

또 부사에는 다음과 같은 경우가 있습니다.

 (1) Li ploris maldolĉe.

어이없게도 울었다 (우는 것이 maldolĉe)

 (2) Li ploris sola.

혼자서 울었다. (우는 이가 단 혼자.)

Mi kuris en la ĉambro. 방 안에서 달아났다.

Ni vivas en granda amikeco. 대단히 의좋게 산다.

Ŝi flegis lin patrine (kiel patrino)

어머니같이 看護하였다.

Ni vidis neĝe blankan birdon. (kiel neĝo)

눈 같이 흰 새를 보았다.

Feliĉo venas gute, malfeliĉo venas flue (per guto per fluo).

행복은 물방울 같이 오고, 불행은 물결 같이 온다.

Li estas malsana korpe kaj spirite. (en korpo kaj spirito) 그는 영, 육이 다 병들었다.

La amikoj promenas mano en mano.

친구들은 손을 잡고 산보한다.

Ni piediras brako ĉe brako.

팔을 서로 끼고 걸어간다.

La malamikaj ekrenkontigis vizaĝo kontraŭ vizaĝo.

원수들이 얼굴과 얼굴이 슬쩍 만났다.

(I) 동위격.

Doktoro Zamenhof, aŭtoro de Esperanto, naskiĝis en Bjelostoko urbeto en Rusa Polujo.

에스페란토 창시자, 자멘호쁘박사는 露領 폴란드의 비엘로스토크시에서 났다. (apozicio라는 것은 이런 것입니다)

Mi havas intereson en Tagore, La mondfama poeto.

내가 世界的 詩人인 타고르에게 흥미를 가졌다.

에스페란토 창안자나 자멘호쁘나 같은 위에 있는 때문에 동위어이라고 합니다. 타고르도 그렇습니다.

Li batis la knabon kiel besto.

그가 짐승같이 소년을 때렸다.

Li batis la knabon kiel beston (li batis).

그가 짐승을 때리듯이 소년을 때렸다.

(G) 동위문.

La luno leviĝis; poeto komencis kanti.

달이 올랐다. 시인이 노래하기 시작하였다.

Li legas, mi kantas kaj ŝi ridetas. Mi atendas, sed ne venas li.

Ĉu vi venos aŭ lia amiko venos?

그가 오겠는지, 또는 그의 친구가 오겠는지?

Nek li venas, nek lia amiko venas.

그도 안 오고, 그의 친구도 안 온다.

(J) 명사의 임무를 하는 종속문.

Ke li estas saĝa, estas klara fakto.

그가 영리하다는 것은 명백한 일이다.

Estas dubinde, ĉu ŝi venas.

그 여자가 올는지는 의심스럽다.

La fakto, ke li estis mortigita, ĵetis grandan malesperon sur la amikojn.

그가 자살하였다는 사실이 친구들에게 큰 절망을 주었다.

Ŝajnas al mi, ke li havas ian malbonan intencon kontraŭ mi.

암만 해도, 그 녀석이 울에 어떤 좋지 못한 계획을 하는 듯하다.

La demando estis, kiam kaj kiel ni povos eliri nerimarkite.

문제는, 우리가 언제, 어떻게, 아무도 모르게 빠져나갈 수 있을까 하는 것이었다.

Mi aŭdis ke li foriris en la hejmo.

그가 집에서 멀리 갔다는 것을 들었다.

  (K) 부사적으로 쓰는 때.

Kiam kato promenas, la musoj festenas. 고양이 산보 가면 쥐들이 잔치를 한다. (無虎恫庭狸自虎)

Kie estas volo, tie estas vojo.

의지가 있는 곳에는 길이 있다. (情神一至何事不成)

Li prenis lin je la kolumo, tiel ke li ne povis forkuri

카라를 꽉 잡아서, 도망할 수도 없었다.

Li prenis lin je la kolumo, por ke li ne forkuru.

도망을 못하도록 카라를 꽉 잡았다.

Mi pardonos al li, se li venos al mi peti mian pardonon.

容恕하여 달라고 오면은, 용서하여 주겠다.

45. 感歎詞 (interjekcio)

감탄사라는 것은 감정을 표시하는 것입니다. 단독으로도 쓰고, 또는 어구 속에 넣어 쓰기도 합니다. 그러나 조금도 다른 어구에는 연계가 없는 독립한 것입니다.

Adiaŭ! (고별할 때에 서로 쓰는 말) 안녕히 계시오.

Ba! 고약한 (輕蔑) Ho! 아, (驚歎) Fi! 피- (憎惡,不滿)

Hura! 萬歲(喜悅,喝采)

Ha! 하,(驚,憐,悅) Nu! 자, 어서(재촉하는 말) He! 야, (驚,惡,부르는 소리) Ve! 설어라, 오오 (悲嘆,苦痛)

다른 말을 감탄사로 쓰기도 합니다.

Brave! 잘한다. For! 가아, 가거라. Ne! 아니.

Bone! 좋아라. Helpu! 아이 죽겠다.

Tute ne! 결코

Certe! 어방잇나, 分明 Jen! 이봐.

Kompreneble! 물론이지. Tondro! 야, 이거 무어냐.

Dio mia! (나의 하느님이여) 아이구.

Je tondro 00는 하다.

Diablo ĝin pronu! 잣바져라.

Kion al la diablo vi faras? 너 무얼하고 있니.

한데 서양 사람들은 놀래든가, 꾸짖든가, 맹세하던가 하는 때에는, Dio(하느님)이라든가, diablo(악마)라든가, ĉielo(하늘)이라든가 하는 말을 많이 합니다.

46. 조어법

準接頭語라는 것은 전치사, 본래의 부사, 또는 대명사 중에 어형의 簡單한 것을 접두어와 같이 어근 위에 붙여쓰는 것입니다.

Al─ 對向, 參加의 뜻입니다.

Veni 오다. Doni 주다. Paroli 말하다.

alveni 至着하다. Aldoni 附加하다.

Alparoli 말 붙인다.

Ĉi─ 근접의 뜻입니다.

supre 위에 sube 아래 supra 상기의

Ĉisupre 요 위에 Ĉisube 하기의 Ĉisupra 요 아래

De─ 由來, 떠나다, 分離, 除去의 뜻입니다.

Veni 오다 Flugi 날다 Longe 오래.

Deveni 유래하다, Deflugi 飛去하다.

Delonge 오래부터

El─ 밖으로, 완료, 완성의 뜻입니다.

Iri 가다. Preni 취하다. Tero 土. Lerni 배우다.

Eliri 나아가다. Depreni 取出하다. Elterigi 파내다.

Ellerni 學得하다.

Teni 保持하다. Vendi 팔다. Ĉerpi 没하다.

Labori 일하다.

Elteni 꽉 참다. Elvendi 다 팔다. Elĉerpi 다 갔다, 품절되다 Ellabori 다 끝내다.

En─ 안에, 안으로의 뜻입니다.

Iri 가다. Havi 가지다. Tero 土. Eniri 들어가다.

Enhavi 내용하다. Enterigi 파묻히다.

For− 저기, 멀리의 뜻입니다.

Kuri 달아나다. Esti 있다. Lasi 남겨두다

Forkuri 遠走하다. Foresti 부재하다.

Forlasi 버리다.

Inter− 두 개, 또는 다수자의 사이, 瓦相의 뜻입니다.

Nacia 국민의, Ŝanĝi 바꾸다. Paroli 말하다.

Internacia 국제의, Interŝanĝi 교류하다.

Interparoli 會話하다.

Kun− 함께의 뜻입니다.

Helpi 돕다 Kanti 노래하다 Veni 오다.

Kunhelpi 助力하다. Kunkanti 합창하다.

Kunveni 회합하다.

Laŭ− 에 따라, 에 의하여, 에 따르면의 뜻입니다.

Bezono 필요 Taga 날의, Vorto 字

Laŭbezono 필요에 따라. Laŭtaga 日定의,

Laŭvorta 逐字의.

Mem− 스스로의 뜻입니다.

Stari 서다 Lerni 배우다. Morti 죽다

Memstari 자립하다. Memlerni 자습하다

Memmorti 자살하다.

Ne− 부정의 뜻입니다.

Granda 큰. Bona 좋은. Juna 젊은

Negranda 크지 않은, Nebona 좋지 못한,

Nejuna 젊지 않은.

Pri− 에 대하여의 뜻입니다.

Paroli 말하다. Skribi 쓰다. Priparoli 협의하다.

Priskribi 기록하다.

Sen— 無의 뜻입니다.

Pagi 支拂(지불)하다. Dubo 의심

Senco 의미.

Senpaga 無料의. Sendube 無疑하고,

Sensenco 무의미.

Sin— 자신을의 뜻입니다.

Mortigi 죽이다. Bani 목욕시키다. Doni 주다.

sinmortigi 자살하다. SinBani 목욕하다.

Sindona 獻身的의.

Sub— 아래의 뜻입니다.

Maro 바다. Meti 두다. Aĉeti 사다.

Submara 海底의, Submeti 降伏하다.

Subaĉeti 買收하다.

Sur— 위에, 표면의 뜻입니다.

Tero 土 Meti 두다. Verŝi 注하다.

Surtera 지상의, Surmeti 입다. Surverŝi 끼얹는다.

Tra— 通過, 擴流의 뜻입니다.

Iri 가다. Vidi 보다. Legi 읽다.

Trairi 통과하다. Travidi 透視하다.

Tralegi 통독하다.

Ĉirkaŭ— 周圍의 뜻입니다.

Vidi 보다. Tranĉi 베다, Urbo 시.

Ĉirkaŭvidi 돌아보다. Ĉirkaŭtranĉi 四周를 꾼다.

Ĉirkaŭurbo 인근도시,

47. 시각표시에 대하여

나라마다, 서로 시간 보는 법이 다릅니다. 에스페란토에서는 아래와 같은 세가지가 있습니다.

A

二 時 十 分　La dua kaj dek minutoj.

二 時 半　　La dua kaj duono.

二時四十五分　La dua kaj tri kvaronoj.

B

二時五十五分　Kvin minutoj antaŭ la tria.

三時十五分　Kvarono post la tria.

三時四十分　Dudek minutoj antaŭ la kvara.

C

二 時　La° dua.

二 時 十 分　Dek minutoj de la tria.

二時十五分　Kvarono de la tria.

(부기) C의 시간표는 두 시가 운 다음, 세시까지를 세시의 領域으로 看做하고, 세 시 십분 지난 것을 두 시 십분 이라고 한 것입니다. 이것은 쉽게 알기 어렵습니다. 하고 다른 것은 다 알기 쉬운 것입니다.

그 다음에는 鐵道時間表입니다. 이것이 제일 알기 쉽고, 여러 나라가 같습니다.

Ĉ

二 時(2.0)　La dua (horo).

二時十五分(2.15)　La dua dekkvin.

十 時 二 分(10.2)　La deka du.

48. 國際補助貨幣法

Speso 理想的單位 (約一厘, 約하여 S)

Spesdeko 補助單位 (約하여 sd, 約一錢)
10 spesoj.

Spesmilo 實用單位 (約하여 Sm, 約一圓) 1000 spesoj

(참고) 1o sm (Dek spesmiloj)는 金位

49. 省略法

관사 La는 모음으로 끝나는 전치사의 뒤에서는 省略하여 L'로 만들 수가 있습니다.

Ĝis la bela sonĝo de l'homaro. Pri l'tempoj estontaj pensante.

(주의) 이 省略은 韻文(詩歌)에서는 音調를 좋게 하기 위하여 합니다. 만은 散文에서는 할 필요가 없을 듯합니다.

시문에서는 관사의 뒤에 오는 말이 모음으로 끝나는 때에는 관사의 모음을 생략합니다. 그리고 명사의 어미 o도 생략할 수기 있습니다.

L'espero, l'obstino kaj la pacienco. Por eterna ben' efektiviĝos. (ben'은 bene의 略)

필자의 부언. 이만하면 필자의 생각에는 문법으로는 별로 遜色이 없을듯 합니다. 이 다음에는 전치사, 본래의 부사와, 접속사의 용례를 일일이 들은 부록이 있겠습니다. 그것은 여러 가지로 가장 완성을 기하려고 하는 것은 에스페란토뿐만 아니고, 外語를 배우려는 이의 가장 어려운 것이기 때문입니다. 그러나 에스페란토같은 것은 본래 배우기 쉬운 것이기 때문에 어렵지 않습니다. 무엇보다도 원고를 빨리 끝내려는 생각에 쫓기어, 조선문 에쓰역, 에쓰문 조선역의, 연습이 없는 것이 큰 遺憾입니다, 이에 대하여는 아직 전 문법을 말하여두고, 다음에, 자세한 연습을 문법의 순서대로 쓰려고 합니다. 譯語에는 옮기기 어려운 것도 있었으나, 아직 뜻만 따고 말았습니다. 문법의 배열에 대하여서도 이론을 피하고, 실제에 많은 根底를 잡았습니다. 필자로의 기쁨을 여러분과 함께 나누게 된 것을 고마워합니다.

La 22an vesperon de Aŭgusto de la jaro 1922a.
Ĉe kuansan, la naskoloko.
Verda E. Kim. .
enigi al komputero, de Aprilo 15, de la jaro 2010a. Lumano, aŭ earpile de arsle

안서 김억에 대하여

김억(金億, 일본식 이름: 岸曙生, 1896년 11월 30일
~ ?)은 한국의 시인이다. 호는 안서(岸曙), 본관은 경
주, 본명은 김희권(金熙權)이며, 호를 따라 김안서(金
岸曙)로도 종종 불린다. 필명으로는 안서(岸曙) 및 안
서생(岸曙生), A.S., 석천(石泉), 돌샘 등을 썼다.
- 평안북도 곽산 출신이다. 1907년 인근 정주군의 오
산학교에 입학해 수학했고, 일본에 유학하여 1913년
게이오의숙 영문과에 입학했다. 1914년 도쿄 유학생
들이 발간하는 《학지광》에 시 〈이별〉 등을 발표하여
창작 활동을 시작했다.
-1916년 모교인 오산학교에 교사로 부임하였다. 〈진
달래꽃〉의 시인 김소월은 오산학교에서의 제자로, 김
억의 지도를 받았다. 1922년 김소월을 처음 문단에
소개한 사람도 스승 김억이다.
- 낭만주의 성향의 《폐허》와 《창조》 동인으로 활동했
으며, 평양의 숭실학교 교사를 지냈다. 이밖에도 에스
페란토 보급에 앞장서는 등 다양한 활동을 펼쳤다.
1924년에는 《동아일보》에 학예부 기자로 입사했다.
- 김억은 당시까지 낯설었던 해외 문학 이론을 처음
소개함과 동시에 개인의 정감을 자유롭게 노래하는 한
국 자유시의 지평을 개척한 인물로 평가된다. 서구의
상징시를 처음으로 한국에 소개하여 1920년대 초반
상징시풍이 문단에 정착하는 계기를 열었다. 1920년
대 중반부터는 한시의 번역이나 민요 발굴 등 전통적

인 정서에 관한 관심으로 방향을 돌렸다.

- 1930년대 말에는 김포몽(金浦夢)이라는 예명으로 대중가요 작사 활동도 벌였다. 작사가가 된 것은 생활고 때문이었다고 하는데, 생소한 예명을 사용한 이유는 한국 근대문학의 선구자로서 문단에서의 지위가 남달랐기 때문으로 추정된다. 작사한 노래 가운데 선우일선의 〈꽃을 잡고〉는 대중의 인기를 끌었다.

- 일제 강점기 말기에 제2차 세계 대전 중 전사한 야마모토 이소로쿠의 죽음을 애도하는 내용의 〈아아 야마모토 원수〉(1943) 등 친일 시를 발표했다. 친일 저작물 수는 시 4편을 포함하여 총 6편이 밝혀져 있다. 국민총력조선연맹과 조선문인협회, 조선문인보국회 간부를 지내기도 했다.
- 2002년 발표된 친일 문학인 42인 명단과 민족문제연구소가 2008년 발표한 친일인명사전 수록예정자 명단 문학 부문에 선정되었으며 친일반민족행위진상규명위원회가 발표한 친일반민족행위 705인 명단에도 포함되었다.
- 한국 전쟁 때인 1950년 9월 10일 납북되었고, 북한으로 간 유력 인사들이 1956년 평양에서 결성한 재북평화통일촉진협의회 중앙위원을 지낸 뒤로 행적이 불분명하다. 1958년 평북 철산군의 협동농장으로 강제 이주시켰다는 설이 있다.

- 대한민국에서는 월북 작가들과 함께 언급이 금기시
되다가 1988년 해금 조치 이후 다시 조명을 받았다.

- 작품
시집으로 번역 시집인 《오뇌의 무도》(1921)와 창작 시
집 《해파리의 노래》(1923), 《봄의 노래》(1925), 《먼동
틀 제》(1947), 《민요시집》(1948) 등이 있다. 이 가운
데 《오뇌의 무도》는 최초의 번역 시집, 《해파리의 노
래》는 최초의 창작 시집으로 기록되어 한국 문학사에
서 중요한 전기를 마련했다.   『위키백과』에서

26일간의 현대식 에스페란토 학습실
- 원뜻은 살리되 말투와 내용을 수정

【1일차】 문자(La Alfabeto)

A a	B b	C c	Ĉ ĉ	D d	E e	F f
G g	Ĝ ĝ	H h	Ĥ ĥ	I i	J j	Ĵ ĵ
K k	L l	M m	N n	O o	P p	R r
S s	Ŝ ŝ	T t	U u	Ŭ ŭ	V v	Z z

에스페란토의 문자는 모두 28개로
a, e, i, o, u의 모음과
b, c, ĉ, d, f, g, ĝ, h, ĥ, j, ĵ, k, l, m, n, p, r, s,
ŝ, t, ŭ, v, z의 자음으로 구성되어 있다.

- 모음과 자음
 (La vokaloj kaj la konsonantoj)

모음	a e i o u
자음	b c ĉ d f g ĝ h ĥ j ĵ k l m n p r s ŝ t ŭ v z

- 무성자음과 유성자음
 (Konsonantoj senvoĉaj kaj voĉaj)

자립방법	입 술	이나 잇몸	센 입천장	여린 입천장	목구멍
파 열 음	p/b	t/d		k/g	

마 찰 음	f/v	s/z	ŝ/j	ĥ/-	h/-
파 찰 음		c/-	ĉ/ĝ		
비 음	-/m	-/n			
유 음		-/l,r			

※ 빗금 왼쪽은 무성 , 오른쪽은 유성

발음할 때 목청이 떨리는 소리는 유성음, 그렇지 않으면 무성음이라고 하며 이를 쉽게 구별하는 방법으로서 양손으로 귀를 막고 어떤 글자를 발음해 봐서 귀가 울리면 유성음이고 울리지 않으면 무성음이다.

- 발음
1자 1음(一字一音)의 원칙에 따라 모든 문자는 하나의 소리를 내고, 또한 소리 나지 않는 문자도 없으며, 강세(強勢)는 항상 뒤에서 두 번째 모음에 있으므로 뜻을 몰라도 사전 없이 문장을 읽을 수 있다. 한 글자에 한 소리, 한 소리에 한 글자가 된다.
악센트는 항상 끝에서 두 번째 모음에 둔다.
(악센트가 있는 모음은 보통 길고 강하게 발음한다)
kna-bo psi-ko   hero-o   sci-i
kri-pla   sciu-ro   hodi-aŭ ko-ntraŭ

- J 와 Ŭ의 발음

j		ja	je	jo	ju	aj	ej	oj	uj
ŭ		ŭa	ŭe	ŭi	ŭo	aŭ	eŭ	iŭ	oŭ

한 단어 안에서 j는 "이"로, ŭ는 "우"로 발음되지만, 이것이 모음 앞에 놓이면 그 모음과 합쳐져서 하나의 발음이 되는 데, 이것을 이중모음이라고 한다. 또한, 모음이 아니므로 악센트는 없다.

- 자음의 발음예

B	(b)	libero	membro	sub
C	(ts)	centro	necesa	scii
Ĉ	(tʃ)	ĉarma	dimanĉo	aĉeti
D	(d)	dento	sendi	apud
F	(f)	favora	ĉefo	Zamenhof
G	(g)	granda	organo	ringo
Ĝ	(dʒ)	ĝusta	seĝo	larĝa
H	(h)	herbo	hejmo	alkoholo
Ĥ	(x)	ĥemio	ĉeĥo	eĥo
J	(j)	jam	panjo	kaj
Ĵ	(ʒ)	ĵurnalo	ĵeti	vendaĵo
K	(k)	kredi	nokto	nek
L	(l)	luma	salo	kial
M	(m)	memoro	ĉambro	mem
N	(n)	nepo	anonci	kun

P	(p)	papero	kampo	sep
R	(r)	renkonti	arbo	super
S	(s)	sukero	pasero	ĵus
Ŝ	(ʃ)	ŝtono	muŝo	poŝo
T	(t)	teo	vento	post
Ŭ	(w)	ŭato	aŭtuno	ambaŭ
V	(v)	vero	kovri	naiva
Z	(z)	zono	nazo	kuzo

- 비슷한 발음의 비교

S와 Z : S는 무성음이고 Z는 유성음이므로 귀를 막고 "소"라고 발음을 해봐서 귀가 울리지 않으면 그것은 무성음 S의 발음이 되고, 귀가 울리면 유성음 Z의 발음이 된다.

Ŝ와 Ĵ : 귀를 막고 "쇼"라고 발음을 해봐서 귀가 울리지 않으면 무성음 Ŝ의 발음이 되고, 귀가 울리면 유성음 Ĵ의 발음이 된다.

F와 P : F는 마찰음으로 윗니와 아랫입술이 강하게 마찰하며 나오는 소리이고 P는 파열음으로 아래위 두 입술이 닫혔다가 터지며 내는 소리이다.

L과 R : L은 혀끝이 입천장에 강하게 붙었다가 떼면서 "로"를 발음할 때 나오는 소리이고, R은 우리말의 "로"로 발음하면 된다.

C와 Ĉ : C는 우리말의 "돛"을 발음할 때의 혀 위치에서 강하게 "쏘"를 발음하면 나오는 소리이고, Ĉ는 "초"로 발음하면 된다.

【2일차】 문법적 어미
(La gramatikaj finaĵoj)

문법 기능		어미	am-	ĝoj-
명 사		-o	am-o	ĝoj-o
형 용 사		-a	am-a	ĝoj-a
부 사		-e	am-e	ĝoj-e
동 사	부 정 법	-i	am-i	ĝoj-i
	명 령 법	-u	am-u	ĝoj-u
	가 정 법	-us	am-us	ĝoj-us
	직 설 법 현재	-as	am-as	ĝoj-as
	직 설 법 과거	-is	am-is	ĝoj-is
	직 설 법 미래	-os	am-os	ĝoj-os

각 어간에 품사 고유의 어미를 붙여 명사는 -o, 형용
사는 -a, 부사는 -e, 동사(원형)는 -i로 끝나고, 시제
(時制) 또한 동사의 어간에 과거형은 -is, 현재형은
-as, 미래형은 -os를 붙여 나타낸다
(예 : amo 사랑, ama 사랑의, ame 사랑으로, ami 사
랑하다, amis 사랑하였다, amas 사랑한다, amos 사
랑할 것이다).

- 명 사(La substantivo)

	주 격		목 적 격	
단 수	-o rozo	libro	-on rozon	libron
복 수	-oj rozoj	libroj	-ojn rozojn	librojn

Patro kaj patrino. 아빠와 엄마
Leono estas besto. 사자는 동물이다.
Kolombo estas birdo. 비둘기는 새다.

La suno brilas. 해가 빛난다.
Mi hundon amas. 나는 개를 좋아한다.
Mi manĝas panojn. 나는 빵을 먹는다.

Leono estas forta. 사자는 힘이 세다
La patro estas sana. 아버지는 건강하시다.
La knabo estas malgranda. 남자애는 작다.

Mi legas libron. 나는 책을 읽는다.
La homoj amas pacon.
사람은 평화를 사랑한다.
Mi havas du fratojn. 나는 두 명의 형제가 있다.

= 형용사(La adjektivo)
a) 관형어 용법 (epiteta uzo)

	주 격	목 적 격
단 수	bela floro	belan floron
복 수	belaj floroj	belajn florojn

b) 설명어 용법 (predikata uzo)
Floro estas bela. Pomo estas dolĉa.

꽃은 예쁘다. 사과는 달다.

Floroj estas belaj. Pomoj estas dolĉaj.

*형용사는 명사나 대명사를 수식하고, 명사나 대명사
와 수와 격이 일치해야 한다.

1) Esti 형용사한 것을 동사로 생각할 경우.

Mi ĝojas vidi vin

Mi estas ĝoja vidi vin.

당신을 보게 되어 기쁩니다.

Mi estas tre soifa. = Mi tre soifas. soifi 목마르
다. 내가 대단히 목마르다.

Mi estas tre laca. 나는 대단히 피곤하다

Estu diligenta. 부지런하여라.

Ne estu kiel kolera. = Ne tiel koleru.

그렇게 노하지 말아라.

2) Esti 를 대신하여, 다른 동사를 쓰는 경우;

Li ŝajnas (esti) kolera. 그이가 노한 듯하다, ŝajni
듯하다, 듯이 보이다.

Vi aspektas (esti) malsana. 그대는 병난 듯하다.
aspekti 듯이 보이다(외양).

3) 명사를 생략하고 쓰는 경우;

Li estas blinda (homo). 그이는 시각장애인이다.
blinda 눈이 보이지 않는.

Ĉu vi estas malsana (homo)

= Ĉu vi havas malsanon?

당신은 병이 났습니까.

Ĉu via patro estas bona (homo)?
당신의 아버지가 좋습니까?
Mi estas feliĉa (homo) 나는 행복합니다.
Ĉu vi estas malsano? 잘못. vi=malsano 즉 당신은
병과 같다의 뜻.
Ĉu vi estas malsana? 바름. vi=malsana (homo)
당신은 병난 사람의 뜻.

- 관사(La artikolo) "La"의 용법

a) 관사를 사용하는 경우

1) 이미 화제에 올랐던 일

- Hieraŭ mi aĉetis ĉapon. Jen estas la ĉapo. 어
제 내가 테없는 모자를 샀다. 여기 그 모자가 있다.

2) 말하는 사람과 듣는 사람이 서로 알고 있는 것

- Voku la kuraciston. 그 의사를 불러라.

3) 처음 얘기된 것이라도 그것을 설명하는 구나 절이
붙어 특정화된 것

- Tio estas la ĉapelo de mia patro.

그것이 내 아버지의 모자다.

4) 최상급에서 plej 앞에

- Li estas la plej diligenta en la klaso.

그가 반에서 제일 부지런하다.

5) 일반적으로 우주에 하나밖에 없다고 생각되는 것

- La suno lumis tre varme.

해가 매우 따뜻하게 빛난다.

6) 같은 것을 대표하는 단수명사나 복수명사 앞에 (~

란 , ~이란)

- La hundo estas fidela besto.

개는 충성스런 동물이다.

- La homoj ne povas eviti morton.

사람은 죽음을 피할 수 없다.

7) 고유명사에 형용어구를 붙일 때 그 형용사 앞에

- Li estas fama en la tuta Koreujo.

그는 한국 전역에서 유명하다.

8) 고유명사가 보통명사로 사용되는 경우

- Li estas la Ŝekspiro de Koreujo.

그는 한국의 세익스피어다.

b) 관사를 사용하지 않는 경우

1) 호칭 앞 (Patrino! Fraŭlino! Sinjoro!)

2) 고유명사나 이름 앞에

  (Koreujo, Aleksandro, Seulo)

3) 고유명사화된 보통명사

  (Dio, Budho, Rivero Han)

4) 이미 특정을 나타내는 말을 앞에 둔 명사 앞에

(tiu, tiu ĉi, ties, kies, ĉiuj, ambaŭ, mia, via)

c) 관사의 생략형 l'

관사 La는 모음으로 끝나는 전치사의 뒤에서는 생략
하여 L'로 만들 수가 있습니다.

1) 모음으로 끝나는 전치사 de, tra, pri, pro 등의
다음에 올 때

de l' patro, de l' espero, pri l' espero.

2) 모음으로 시작되는 말 바로 앞에 올 때 l' espero, l' omnibuso(대형버스)

※ 혼동을 불러일으킬 수 있으므로 피하는 것이 좋다. (l' afero → la fero, l' avo → lavo)

Ĝis la bela sonĝo de l'homaro.

인류의 아름다운 꿈에 이르기까지

Pri l'tempoj estontaj pensante.

미래의 때에 대하여 생각하면서

(주의) 이 생략은 운문(시가)에서는 음조를 좋게 하려고 합니다.

그러나 산문에서는 할 필요가 없을 듯합니다.

시문에서는 관사의 뒤에 오는 말이 모음으로 끝나는 때에는 관사의 모음을 생략합니다. 그리고 명사의 어미 o도 생략할 수가 있습니다.

L'espero, l'obstino kaj la pacienco.

Por eterna ben' efektiviĝos.

(ben'은 bene의 생략)

【3일차】 단수와 복수

(Ununombro kaj Multnombro)

하나일 때에는 단수, 둘 이상 되는 때에는 복수임을 표합니다. 한데 단수에는 그대로 붙고, 복수에는 어미 J가 붙습니다.

Hundo 개(한 마리)   Homo 사람(한 사람)

Hundoj 개들(두 마리 이상) Homoj 사람들(두 사람 이상) 복수.

- 인칭대명사(Pronomo)

인칭대명사는 이름, 다시 말하면 명사를 부르는 대신에 쓰는 것입니다.

나, 저, 이 사람, 본인, 소인과 같은 것도 다 Mi라고 쓰면 그만입니다. Vi도 역시 너, 형, 노형, 당신, 이놈 대신에 씁니다.

	단수			복수
	남성	여성	중성	
1 인칭	mi 나			ni 우리
2 인칭	vi (ci) 너			vi 너희
3 인칭	ŝi 그녀	li 그	ĝi 그것	ili 그들

- 동사 (Verbo)

동사는 사물의 동작과 대응을 보이는 것입니다. 우리 말에 있다, 쓴다, 잔다, 노래한다와 같은 것입니다. 동사 본래의 어미는 I로 끝납니다. 이 동사는 용법이 결정적이 아니므로 부정법이라고 합니다.

- 부정법 (La infinitivo)

1) 주어 : Mensogi estas malbone.

Vivi ne estas manĝi. 살기는 먹기가 아니다. (다시 말하면 산다는 것은 먹는다는 것이 아니다)

부정동사가 주격이 될 때에는 그것을 설명하기에 형용사를 쓰지 못하고 부사를 써야 합니다. 이것은 명사를 형용함은 형용사이나 형용사, 동사를 설명 형용함은 부사인 까닭입니다.

morto estas terura. 죽음은 무섭다.

 (-o 이기에 -a)

morti estas terure. 죽기가 무섭다.

 (-I 이기에 -e)

2) 목적어 : Mi amas legi. mi amas kanton.

내가 노래를 좋아한다의 뜻

mi amas kanti. 내가 노래하기를 좋아한다의 뜻.

3) 주격보어 : Erari estas lerni. Vivi estas sperti. 잘못하는 것이 배우는 것이다. 사는 것은 경험하는 것이다.

4) 보충어 : Nun ne estas la tempo por morti. 지금은 죽을 때가 아니다.

5) 목적격보어 : Li sentis sin fali. Mi aŭdis ŝin plori. 그는 넘어지는 것을 느꼈다. 나는 그녀가 우는 소리를 들었다.

- 명사, 형용사, 조사의 뒤에 거듭하여 그것을 형용합니다.

Jam estas tempo dormi 벌써 잘 때이다.

Vi estas bona skribi al mi.
내게 편지를 써 주셔서 좋습니다.
(당신이 내게로 글월 쓰신다는 것은 좋습니다.
글월 주어 고맙습니다.)
다시 현재, 미래와 과거의 동사의 어미는
(A) 현재시 (estanteco) - AS
　　　kuri, koras 달아난다.
(B) 미래시 (estonteco) - OS
　　　kuri, kuros 달아나겠다
(C) 과거시 (estinteco) - IS
　　　kuri, kuris 달아났다.

Mi kantas 내가 노래한다.
Ni kantos 우리가 노래하겠다.
Vi kantas 그대가 노래한다.
Vi kantos 그대들이 노래하겠다.
Li kantas 그이가 노래한다.
Homo kantis 사람들이 노래했다.
Ŝi kantas 그 여자가 노래한다.
Birdo kantis 새가 노래했다.
Ni estas studentoj 우리는 학생입니다.
Ni estos studentoj 우리는 학생이겠습니다. Ni estis
studentoj 우리는 학생이었습니다.
Mi estas juna 나는 청년이오
Mi estis juna 나는 청년이었소
Ni estos juna 나는 청년이겠소.

【4일차】 의문문

합니까와 같이 의문의 경우에는 ĉu를 씁니다. 말의
첫머리에 씁니다.

Li venos 그 이가 오겠다.

/ Vi kantis 그대가 노래했다.

Ĉu li venos? 그이가 오겠습니까.

/ Ĉu vi kantis? 그대가 노래했습니까.

Ŝi ne venos 그 여자가 오지 않겠다.

/ Vi ne kantis 그대가 노래하지 않았습니다.

Ĉu ŝi ne venos? 그 여자가 오지 않겠습니까?

/ Ĉu vi ne kantis? 그대가 오지 않았습니까?

- 상관사(Kunrilataj vortaj)

= 자멘호프 표 (Zamenhofa tabelo)

		의문 ki-	지시 ti-	비정 i-	전체 ĉi-	부정 neni-
사물	-o	kio	tio	io	ĉio	nenio
사람사물	-u	kiu	tiu	iu	ĉiu	neniu
성질종류	-a	kia	tia	ia	ĉia	nenia
장소	-e	kie	tie	ie	ĉie	nenie
이유	-al	kial	tial	ial	ĉial	nenial
시간	-am	kiam	tiam	iam	ĉiam	neniam
방법상태	-el	kiel	tiel	iel	ĉiel	neniel
소유	-es	kies	ties	ies	ĉies	nenies
수량	-om	kiom	tiom	iom	ĉiom	neniom

-o와 -u는 대명사로 쓰인다.

(-U는 명사가 생략될 경우)

-u, a, -es는 대형용사로 쓰인다.

-e, -el, -al, -am, -om은 대부사로 쓰인다.

-o는 단수, 복수 공통이며, 목적격 표지를 붙일 수 있다.(-on)

u, -a는 형용사처럼 수와 격이 명사와 일치한다.

-e에 목적격 표지를 붙이면 이동의 방향을 나타낸다

때때로 문법적 어미나 접미어를 붙여 쓴다.

tiea, kioma, iomete, tiama, kialo

일단의 대명사, 대형용사와 부사가 서로 연결된 것을 총칭하여 상관사라 합니다.

(1) Kio, kia, kiu, kies, kiel, kial, kiam, kie, kiom 과 같은 것, 즉 Ki로 된 말들은, 무엇, 누구하는 의문사이며, 또는 관계사도 되고,

(2) Tio, tia, tiu, ties, tiel, tial, tiam, tie, tiom 과 같은 것, 즉 Ti로 된 말들은 '그' '저'하는 지시사이며

(3) Io, ia, iu, ies, iel, ial, iam, ie, iom 과 같은 것, 즉 I로 된 말들은 '무엇인지' '혹'하는 불명한 것을 표하는 부정사이고,

(4) Ĉio, ĉia, ĉiu, ĉies, ĉiel, ĉial, ĉiam, ĉie, ĉiom 과 같은 것, 즉 Ĉi로 된 말들은 각개, 전체를 나타내는 총칭사이며,

(5) Nenio, nenia, neniu, nenies, nenial, neniel, neniam, nenie, neniom 과 같은 것, 즉 Nen으로

된 말들은 '도……아니'의 부정사입니다.

a)ㅡO로 끝난 상관사들은 무형, 또는 유형의 일반적 사건을 뜻하는 것입니다. 목적격이 되면 N을 붙이고 복수는 되지 못합니다.

Io estas sur la tablo.

무엇인지 탁자 위에 있다.

Ion li havas en sia mano.

그가 손에 무엇인지 가졌다.

Io estos pli bona ol nenio.

무엇이나 있으면 없는 것보다는 좋다.

Nenio estas en la ĉambro.

방 안에 아무 것도 없다.

Nenion li havas.

그는 아무 것도 가진 것이 없다.

Nenion mi povis vidi.

아무 것도 볼 수가 없었다.

Ĉio estas bona. 만사가 좋다.

Fine li rakontis ĉion.

나중에는 그가 모든 것을 말했다.

Ĉio estas en ordo. 만사가 정리되다.

Tio estas granda demando.

그것은 큰 질문이다.

Tion mi forgesis. 그것을 내가 잊어버렸다.

Kion vi diros pri tio?

그것에 대하여 무엇을 그대가 말하겠나?

Kio estas al vi?
그대에게 무엇이 있나? (무슨 상관이야)
Kion vi volas havi?
무엇을 그대가 가지고 싶은가.

b)—U로 끝난 말들은 명사, 형용사와 같이 씁니다. 목격 n과 복수 j가 됩니다.
Ĉu iu venis?
누구가 왔습니까? (또는 아니 왔습니까)
Ĉu vi iun scias? 그대가 혹 누구를 압니까?
Neniu estas en salono. 객실에 아무도 없습니다.
Neniu venis. 아무도 오지 않았다.
Neniun mi atendas. 아무도 나는 기다리지 않는다.
Kiu diris? 누구가 말하였습니까.
Kiun vi volas viziti?
누구를 방문하고 싶습니까.
Al kiu vi sendis?
누구에게 그대가 보내겠습니까.
Tiuj estas miaj fratoj.
저이들은 나의 형제입니다.
Tiun libron mi ne legis.
그 책들을 내가 읽지 못하였다.
Ĉiu amas sin mem. 각인이 자신을 사랑한다.
Mi sendis ĉiujn miajn verkaĵojn.
나는 나의 모든 작품을 보냈다.
Ĉiu lin konas. 각인이 그를 안다.

c)―a 로 끝난 말들은 성질, 종류를 뜻하는 대형용사
입니다. 목적격 n과 복수 j가 붙습니다.

Ĉu la vorto havas ian alian signifon?

그 글자에 어떤 다른 뜻이 있습니까?

Ia homo vin helpos.

어떤 사람이 그대를 돕겠다.

Tian homon mi ne vidis.

그런 사람은 내가 보지 못했다.

Kiaj homoj ili estas?

그들이 어떤 사람들입니까?

La akvo prenas ĉian formon laŭ la ujo. 물은 그
릇에 따라 여러 가지 모양을 한다.

Homoj havas ĉiajn opinion.

사람들은 여러 가지 의견이 있다.

Nenia arbo estas en la dezerto.

사막에는 아무런 나무도 없다.

Nenian arbon oni vidas en la dezerto.

사막에는 아무런 나무를 볼 수가 없다.

d)―es로 끝난 말들은 소유를 표하는 형용사 같이 씁
니다. 목적격도 복수도 되지 못합니다.

Kiam ŝi estos matura, ŝi fariĝos ies edzino. 그
여자가 어른이 되면, 어떤 이의 아내가 될 것이다.

Ies perdo ne estas ĉiam ies gajno. 어떤 이의 손
해가 항상 어떤 이의 이익이 못 된다.

Li havas ies libron.

그가 누구의 책인지 가지고 있다.

La suno estis nenies (posedantaĵo)

태양은 아무 사람의 소유도 아니다.

Ni havas nenies opinion pri tio.

그것에 대하여 아무의 의견도 없다,

Ĉies opinio estas malsama.

각인의 의견이 다르다.

Kiu povas unuigi ĉies penson?

각인의 생각을 누구가 일치시키겠습니까?

Kies plumon vi havas?

누구의 연필을 가졌습니까?

(주의) ties는 제3인칭 소유대명사로 쓸 수가 있기 때문에 많이 쓰지 않습니다.

e)−al로 끝난 말들은 이유를 뜻하는 대부사인데 목적격, 복수가 되지 못합니다.

Ial li ne skribis al mi.

무슨 때문인지, 그가 내게 편지하지 않았다.

Kial li ne skribis al mi? 무슨 까닭에, 그가 내게 편지를 안하였습니까?

Tial la instruisto punis lin.

그 때문에 선생이 그를 벌하였다.

Ĉial li mokas vin.

여러 가지 이유로 그가 그대를 비웃는다.

Kial vi ne respondas?

어찌하여 대답을 아니합니까?

Nenial mi ne aŭdis vian demandon.
아무 이유도 없습니다, 내가 그대의 질문을 듣지 못한
까닭입니다.

f)—el로 끝난 말들은 상태, 방법을 뜻하는 부사인데,
목적격, 복수가 되지 못합니다.
Iel li trovis rimedon.
어떻게 하여 방법을 알았다.
Kiel li trovis rimedon?
어떻게 그가 방법을 알았습니까?
Se mi povis, mi volas tiel agi.
만일 할 수만 있으면 그렇게 하고 싶다.
Oni ĉiel min mokas.
세상에서는 여러 가지로 나를 조롱한다.
Neniel mi povas fari.
아무렇게 하여도 나는 할 수가 없다.

g)—am으로 끝난 말들은 때를 뜻하는 대부사인데, 또
한 목적격도 복수도 되지 못합니다.
Iam mi vidis lin. 어느 때 내가 그를 보았다.
Kiam li venis? 언제 그가 왔었습니까?
Tiam mi estis en Seulo.
그 때에 내가 서울 있었습니다.
Ĉiam mi vidas lin. 항상 나는 그를 봅니다.
Neniam mi vidis lin.
언제나 나는 그를 보지 못하였습니다.

h)—e로 끝난 말들은 장소를 뜻하는 대부사인데, 목적격 N은 되나 복수는 되지 못합니다.

Ie loĝis malriĉa knabino.

어떤 곳에 가난한 소녀가 살았다.

Kie loĝis la malriĉa knabino?

어디에, 가난한 소녀가 살았나?

Tie mi vidis vian filon.

그 곳에서 그대의 아들을 보았다.

Ĉie estas Esperantistoj.

가는 곳마다(도처에) 에스페란토 사용자가 있다.

Nenie estas tia homo.

아무 데도 그런 사람도 없다.

i)—om으로 끝난 말들은 수와 양을 뜻하는 대부사인데, 목적격도 복수도 되지 못합니다.

Mi aĉetis iom da kafo.

내가 커피 차를 얼마 샀다(조금).

Hodiaŭ estas iom varme.

오늘은 얼마큼 덥다.

Kiom da mono vi havas?

돈을 얼마나 가졌습니까?

Tiom mi nepre bezonas.

그만큼은 반드시 쓰여야겠습니다.

Kiom da akvo estas?

물이 얼마나 있습니까?

Li perdis ĉiom da mono.

그는 있는 돈을 다 잃었다.

Neniom da vino restas.

술이 조금도 남지 못하였소.

Neniom li pagas. 조금도 내지 않습니다.

(참고) 질문상관사는 그 자신이 질문이기 때문에 Ĉu 라는 의문표를 쓰지 못합니다. 그리고 언제나 글 머리에 두는 것입니다. Ĉu vi iras? 할 때는 좋으나, Ĉu kie vi estas? 하면 잘못이고 Kie vi estas? 하여야 옳습니다.

하고 부정의 상관사 io, iu, ia와 kio, kiu, kia 와 같은 것을 구별하지 못하는 이가 있는 듯 합니다. 그것은 io의 상관사는 질문도 아무 것도 아니고 불명한 것이며, kio의 상관사는 질문임을 주의하면 그만일 듯합니다.

【5일차】 주격과 목적격

(Nominativo kaj akuzativo).

문중에 주인 되는 명사를 주격이라 하며, 동작의 직접 목적되는 명사를 목적격이라 합니다. 우리말에 주격 명사의 토는 '은' '는' '이' '가'입니다. 그리고 목적격 명사의 토는 '을' '를'입니다.

새는 난다, 곰은 잔다, 바람이 분다, 개가 짖는다 하면 '새' '곰' '바람' '개'는 다 그 말의 주인 즉 주격입니다. 그리고 내가 길을 간다 하면 '길을'은 목적격입니다.

목적격에는 어미 N을 붙입니다.

Kato manĝas fiŝon 고양이가 생선을 먹는다.

Kato(고양이)=주격, fiŝon(생선을)=목적격,

manĝas 먹는다,

hundo havas kukon 개가 과자를 가졌다.

그러면 어미 N이 붙은 것은 목적격이오, 붙지 아니한 것은 주격임을 알겠습니다.

floroj estas belaj 꽃들이 아름답다.

mi havas florojn 내가 꽃들을 가지오.

- 목적격명사를 형용하는 형용사에도 N을

Bela floro 아름다운 꽃.

Bela floro estas. 아름다운 꽃이 있다.

Belan floron 아름다운 꽃을.

Mi havas belan floron.

나는 아름다운 꽃을 가지고 있다.

Belaj floroj 아름다운 꽃들.

Belaj floroj estas.

아름다운 꽃들이 있다.

Belajn florojn 아름다운 꽃들을.

Mi havas belajn florojn.

나는 아름다운 꽃들을 가지고 있다.

Via amiko estas bona.

그대의 친구가 좋다.

Amikon mi vidis 친구를 내가 보았다.

Vian amikon mi vidis

그대의 친구를 내가 보았다.

Viajn amikojn mi vidis

그대의 친구들을 내가 보았다.

Ĉu li vin vokas?

그 이가 그대들을 부릅니까.

【6일차】 전치사(Prepozicio)

전치사에는 일정한 어미가 없고, 따라서 변화하지도 않습니다. 한데 전치사라는 것은 명사와 문 가운데 다른 말과의 관계를 밝히는 것입니다.

　(A) 내가 책을 주었다…ㅡ(누구에게?)

　(B) 내가 책을 얻었다……(누구에게서?)

　(A)의 경우를 보면 내가(주격), 책을(목적격)이 다 있지만은 아직 부족한 점이 있습니다. 즉 누구에게 주었는가 하는 것이며, (B)의 경우도 또한 그렇습니다. 내가(주격) 책을(목적격) 얻었다(설명어) 하는 세 가지가 다 있지마는 아직 부족한 것은 어떤 사람에게서 얻었는가 하는 것입니다. 이에 전치사의 필요가

　생깁니다. 우리말에는 후치사입니다.

　(부기) 전치사의 단순한 것이 33종입니다. 　그리고 위의 말을 에스페란토로 고치면

(A)Mi donis libron al amiko.

doni 주다, al 에게

(B)Mi ricevis libron de amiko.

de 에게서, amiko 친구.

이에 비로소 '내가 친구에게 책을 주었다' '내가 친구에게서 책을 얻었다'하는 완전한 뜻이 됩니다.

(A) Antaŭ la domo estas arbo.

antaŭ 앞에, arbo 나무, domo 집,

집 앞에 나무가 있소.

vi estas Antaŭ mi. 그대가 내 앞에 있소.

(B) Antaŭ la arbo estas domo.

나무 앞에 집이 있소. antaŭ la tablo 의자 앞에.

al 에게, 로(방향) en 의 안에, ĝis 까지, post 뒤에, apud 의 곁에, de부터, 의, per 로, 를 가지고, pro 대하여. sur 위에, sub 아래, kun 함께, por 위하여, al la patro 아버지에게, apud la domo 집 곁에, per plumo 연필로 al mi 나에게, en la mondo 세계에, kun mi 나와 함께, pro libro 책에 대하여, sub la tablo 의자 아래, de mi 내게서, post monto 산 뒤에, ĝis mateno 아침까지, por mi 나를 위하여.

'내 앞에'라는 뜻을 표하려고 하거든 '앞에'라는 말을 명사 '내'의 전방에 두어야 합니다.

우리말 모양으로 '내 앞에'라고 순서대로 mi antaŭ라고 하면 '내가 앞에(즉 누구의 앞에)'라는 뜻이 되고 맙니다.

【7일차】 수사(Numeralo)

-1, 2, 3과 같은 기본수사는 다음과 같습니다.

1	2	3	4	5	6
unu	du	tri	kvar	kvin	ses
7	8	9	10	100	1000
sep	ok	naŭ	dek	cent	mil

a) 수명사

nulo 0 miliono 백만 miliardo 십억

b) 수사+어미

단위개수

-o : unuo, deko, dekduo

서 수

-a : unua, deka, dek-dua

-e : unue, deke, dek-due

c) 소수 읽기

0.15 : nul punkto unu kvin

3.1416 : tri punkto unu kvar unu ses

Mi havas dek librojn.

내가 책 열권을 가지고 있습니다.

기본수사에는 목적격 또는 복수가 되지 못합니다.

- 어미에 따라 명사, 형용사와 부사의 수사가 됩니다.

a) 수사의 어미를 A로 고치면 순서를 표하는 형용사가 됩니다.

 Unua 제일의, 첫째, 처음의. Deka 제 십의, 열째.
Tria 제 삼의, 셋째.

Centa 제 백의, 백째.

Hodiaŭ estas la dekkvina tago de marto kaj morgaŭ estos la deksesa tago de marto. 오늘은 삼월 제 십오일이고, 내일은 삼월 제 십육일이겠습니다. (이런 때에는 반드시 관사를 붙여야 합니다. 이것은 삼월십육일이라 하면 하루 이틀의 순서를 따라 오늘이라는 날은 3월 16째 되는 날이라 하므로 지시되므로 관사가 있어야 합니다.)

Li estas la dua en la klaso. klaso 학급, 반.
그는 학급에서 둘째입니다. (석차가 둘째, 즉 성적으로 인하여)

La sesa horo vespere. 저녁 여섯시.
Ses horoj vespere 저녁 여섯시 동안.

La sesa horo는 저녁 제 육시의 뜻이오, Ses horoj 는 저녁 여섯시 동안의 뜻입니다. 하나는 순위를 말하고, 다른 하나는 몇 시간을 일하였다든가 하는 동안을 말함입니다.

Mi dormis je la deka hora.
내가 열시에 잤다(순서)

Mi dormis dek horojn
내가 열 시간을 잤다(동안)

Kio estas la dudeka tago de julio? Julio 7월 칠월 이십째 날(이십일)은 무엇입니까

Nia patro naskiĝis la dudekan tagon de julio. 우리 아버지가 칠월 이십일에 났습니다.
이와 같이, 어느 날에 하는 때에는 목적격을 씁니다.

Mi iros la dudekokan tagon de Aprilo.　내가 사

월 이십팔일에 가겠습니다.

b) 수사의 어미를 E로 고치면 부사가 됩니다. 순서를
나타내는 수사부사입니다.
Unue 제일에, 첫째에, 처음에.
Due 제이에, 둘째에, 다음에.
Kvare 제사에, 넷째에.
Deke 제십에, 열째에.
Unue mi dankas vin pro via letero kaj due mi
respondas al mi.
첫째에 내가 당신의 편지에 대하여 고마워하고, 둘째
에 당신에게 회답합니다.

c) 수사어미를 O로 고치면 수를 표하는 수사명사가
됩니다.
Unuo 하나, 1위, 단위. Duo 둘

수사는 기본수사로는 목적격이 못되나, 그것이 명사가
되면 될 수가 있습니다. 하고 da라는 것은 수량에만
쓰는 전치사인데 그 뜻은 De와 같으나, Mi havas
Centon de pomoj 하면 잘못입니다.
Li posedas dek krajonojn.
그가 열 연필을 소유했다.
Li posedas dekon da krajonoj.
그가 연필의 열 개를 소유했다.
Dek krajonojn 이나, Dekon da krajonoj 이나 결

국 그 뜻은 같습니다.

d) 기본수사가 복수되는 것이 있음을 기억하여야 합니다.
Mi havas du florojn; unu estas blanka kaj la alia estas ruĝa.
내가 두 꽃들을 가졌다; 하나는 희고, 다른 하나는 붉다.
Mi havas multajn florojn, unuj estas blankaj kaj aliaj estas ruĝaj.
내가 많은 꽃들을 가졌다, 한 편은 흰 것들이고, 다른 한 편은 붉은 것들이다.
꽃을 많이 가졌는데, 흰 것들도 있고 붉은 것들도 있다 하면 복수이기 때문에 Unuj(한편은)라고 하였고, Aliaj(다른 하나)라고 하였습니다. 한데 Unu……alia는 하나는……다른 하나(또 하나)의 뜻입니다.
La unuaj homoj estas pli rapida, ol la duaj.
첫째 사람들은 둘째 사람들보다 더 빠르다.

- 수사의 접미어.
접미어-Obl-배수. 접미어-On-분수. 접미어-Op-합성의 뜻입니다.
Duobla, 2배의, Duona 절반의,
Duopa 2인1조의,
Duoblo, 2배, Duono 절반,
Duopo 2인1조,
Duoble, 2배에(로), Duone 절반으로,
Duope 2인1조하여.

Ĉiutage mi ricevas du frankajn, sed hodiaŭ mi ricevas duoblan pagon, tio estas kvar frankajn.
매일 내가 두 프랑을 받습니다, 만은 오늘 배수의 지급 즉 (tio estas) 사 프랑을 받습니다.

Kvinoble sep estas tridek-kvin, aŭ sepoble kvin estas tridek-kvin.
칠을 오배하니 삼십오입니다, 또는 오를 칠배하니 삼십오입니다.

Tri estas duono de ses.
삼은 육의 절반입니다.

Mi havas du trionojn.
내가 삼분의 이를 가졌습니다.

Ok estas kvar kvinonoj de dek.
팔은 십의 오분의 사입니다.

Ili ricevis kvaronojn.
그들이 사분의 일을 받았다.

Du amikoj promenas ĉiam duope.
두 친구가 항상 둘이 함께 산보합니다.

Ili kvinope min atakis, sed mi venkis.
그들이 다섯이 한 무리가 되어 나를 공격했으나, 나는 이겼다.

Triobla fadeno 삼배의 실 (길이와 분량이)
Triopa fadeno 삼합사 (셋을 한 곳으로 한 것).

【8일차】 부사(La adverbo)

형용사와 동사의 성질과 상태를 설명도 하며 형용도 하는 것입니다. 본래의 부사는 어미가 일정치 못하나, 문법상 부사는 어미가 E로 끝납니다.

우리말에는 잘, 매우, 썩 과 같은 것이 본래의 부사이며, 아름답게 높게, 크게와 같은 것은 문법상부사 입니다. 다시 말하면 형용사에 '게'를 붙이면 되는 것입니다.

- 파생부사 (La adverbo derivita)
1) 전치사 뒤에
Antaŭe intencu kaj poste komencu.
2) 형용사적 어근 뒤에
Kritiki estas facile, sed memfari estas malfacile.
3) 명사적 어근 뒤에
Mi donos al vi tri glanojn matene kaj kvar vespere.
4) 동사적 어근 뒤에
Ni faris la kontrakton ne skribe sed parole.

- 원래 부사 (La adverbo primitiva)
Li jam revenis. 그는 이미 돌아왔다.
Li ĵus revenis. 그는 방금 돌아왔다.
Li nun revenas. 그는 지금 돌아온다.
Li tuj revenos. 그는 곧 돌아올 것이다.
Li baldaŭ revenos. 그는 곧 돌아올 것이다.

Li ankoraŭ ne revenas. 그는 아직 돌아오지 않는다.

Hodiaŭ estas lundo. 오늘은 월요일이다.

Hieraŭ estis dimanĉo. 어제는 일요일였다.

Morgaŭ estos mardo. 내일은 화요일일 것이다.

- 원래부사 " Ĉi "
★ 가까운 것을 나타낸다 .

ĉi tio	ĉi tiu	ĉi tia	ĉi tial	ĉi tiam
ĉi tie	ĉi tiel	ĉi ties	ĉi tiom	
ĉi-kune	ĉi-foje	ĉi-tiea	ĉi-landa	ĉi-flanke
ĉi-jara	ĉi-monate	ĉi-somere	ĉi-sube	

- 원래부사 " Ajn "
★ 우리나라 말 "~든지 "와 같은 말이다 .

kio	ajn	io	ajn
kiu	ajn	iu	ajn
kia	ajn	ia	ajn
kie	ajn	ie	ajn
kial	ajn	ial	ajn
kiam	ajn	iam	ajn
kiel	ajn	iel	ajn
kies	ajn	ies	ajn
kiom	ajn	iom	ajn
kion	ajn	ion	ajn
kiun	ajn	iun	ajn
kian	ajn	ian	ajn
kien	ajn	ien	ajn

- ĉi와 ajn의 용법과 및 상관사에 대하여.

a) 상관사 지시인 tio, tiu, tie에 ĉi를 붙이면 썩 가까운 뜻이 됩니다.

Tio 그것. tio ĉi, 또는 ĉi tio 이것.

Tiu 그것, 그. tiu ĉi, 또는 ĉi tiu 이것, 이.

Tie 그곳 tie ĉi, 또는 ĉi tie 이곳,

Tie estas ŝtono kaj tie ĉi estas arbo.

그 곳에는 돌이 있고, 이 곳에는 나무가 있다.

Tiu estas via kaj tiu ĉi estas lia.

그것은 너의 것이고, 이것은 그의 것이다.

Ĉi는 가까운 뜻이기 때문에 다른 글자에 붙여 더 가까운 뜻을 만들 수가 있습니다.

b) ajn을 상관사에 붙이면 무차별의 뜻이 됩니다.

Kiu 누구. Kie 어디. kio 무엇

Kiu ajn 누구든지. Kie ajn 어디든지.

Kio ajn 무엇이든지.

Kiu ajn diras, mi ne kredas.

누구가 말하더라도, 나는 믿지 않는다.

Kiu ajn povas eniri. 누구든지 들어올 수가 있다.

Kiel skribu. 아무렇게라도 쓰거라.

Kiam ajn li venos, mi estas preta.

어느 때 오더라도 나는 준비하고 있다.

Kie ajn vi iros, vi estas mia amiko.

어디를 가든지, 너는 내 친구다.

Venu, kiam ajn vi volus.

언제든지 원하거든 오시오.

- 143 -

한데 iu와, ĉio에 붙이기도 합니다.

Iu ajn venu. 누구든지 오거라.

Kiu ajn venu. 와 같습니다.

Ĉiu ajn povas fari.

누구든지(사람마다) 할 수 있다.

c) 상관부사에 o와 a를 붙이어, 명사와 형용사를 만들
수 있습니다.

Tiam 그 때에, Tiama 당시에,

Ĉiam 항상, Ĉiama 항상의.

Tie 그 곳에, Tiea 그 곳의,

Kial 왜, Kialo 이유

Kiom da horo? 몇 시간 동안?

Tri horoj 세 시간 동안.

Kioma horo estas nun?

지금 얼마만의 시간인가(몇 시인가)?

Nun estas la tria horo.

지금 셋째 시간이오(세시이오).

Ĉu vi demandas al vi kialon?

그대가 내게 이유를 묻습니까.

Li estas tieulo (tien homon).

그는 그 곳 사람이다.

Li estis tiama homo.

그는 그 때의 사람이다.

상관사의 용법에 대한 주의가 있습니다.

a) Li faris tion kaj tion.

그가 이러이러한 일을 하였다

b) Sinjoro tiu-kaj-tiu.

이러이러한 사람 (누구라든가 하는 사람들)

c) Kiel mi diris, li koleras. 내가 말한 것과 같이 그가 노하였다. kiel 과 같이.

d) Iel tiel ĉio iras. 이럭저럭 모든 것이 잘 되어간다. (iras 되어간다)

e) La afero iras glate. 일이 잘되어간다.

f) Ĉiam ankoraŭ li nur ridetas.

언제나 그는 미소할 뿐이다.

g) li ŝatas lian viziton pli ol ies ajn. 그는 그의 방문을 누구의 방문보다 더 좋아했다.

- 부사의 용법

a) 상태.

Ŝi kantas tre bone.

그 여자가 썩좋게 노래한다.

Bone (좋게)는 kantas(노래한다)를,

Tre (썩) 는 Bone(부사)를 형용한 것입니다.

b) 방법.

Ĉu vi iros piede?

네가 발로 (걸어)가겠습니까?

Li respondis al mi letere.

그이가 내게 편지로 대답했다.

Vi skribu krajone (그대) 연필로 쓰시오.

c) 시간.

Mi ĉiam matene promenas

나는 항상 아침에 산보합니다.

Venu al mi vespere,

내게로 오시오, 저녁에.

Tage kaj nokte li lernas esperanton.

밤낮으로 그는 에스페란토를 공부한다.

d) 장소.

Ĉu li estas dome? 그이가 집에 계십니까.

Meze de la urbo estas lernejo.

도시 중앙에 학교가 있습니다.

【9일차】 동사의 명령과 가정법

가정법의 동사 어미는 U로 끝납니다.

명령에는 명령, 청구, 바램의 뜻이 있습니다.

Lernu 배우라, lernas 배운다, lernis 배웠다, lernos 배우겠다.

Lernu esperanton. 에스페란토를 배우시오.

Iru lernejon 학교로 가거라.

Donu al mi panon 내게 빵을 주시오.

Ne dormu kaj laboru! 자지 말고 일하라.

Kara amiko, estu honesta.
사랑하는 벗이여, 정직하시오.

남에게 원할 때에 좀 더 친근한 뜻을 표하여 말하려고 하면

Donu al mi, mi petas. 아무쪼록 주셔요.

Bonvole donu al mi.

Bonvolu doni al mi.

명령서는 자기 또는 제 3인에게도 합니다, 이러한 때에는 대개 희망을 표합니다.

Ni iru. 우리는 가거라, (우리는 갑시다)

Li venu. 그이는 오거라 (그 이를 오게 하라, 오라고 하라)

Dio nin gardu 하나님은 우리를 지키라. (하나님이여, 우리를 지켜줍소서)

- 가정법 (La kondicionalo)

a) 현실이 아닌 가상적 행위를 말할 때
Se mi estus sana, mi estus feliĉa.
내가 건강하다면 행복할텐데.
Estus pli bone, se mi vin ne renkontus.
내가 너를 만나지 않는다면 더 좋을텐데.
b) 불가능하다고 생각하나 되기를 바랄 때
Ho! se mi havus kosmoŝipon.
아 내가 우주선을 가지고 있다면
Ho! se vi estus mia frato.
아 네가 나의 형제라면.
c) 정중하게 묻거나 부탁할 때
Mi dezirus aĉeti la klimatizilon.
제가 공기청정기를 사고 싶어요.
Ĉu mi povus havi vian vizitkarton?
제가 선생님의 방문카드를 받을수 있나요?
Mi volus scii, ĉu vi sukcesis en la ekzameno.
선생님이 시험에 합격했는지 알고 싶어요.
가정법조사의 어미는 us로 끝납니다. 가정이란 것은
문자와 같이, 사실과는 다른, 또는 불명한 사실을 상
상 가정하는 것입니다.
Li venus 그 이가 올지 모르겠다.
 (그이가 오지나 않겠나의 뜻)
(A) Mi pensis, ke mi sonĝas.
(B) Mi pensus, ke mi sonĝas.
 (A) 나는 내가 꿈꾼다고 생각하였다.
(분명히 꿈꾼다는 뜻)

(B) 나는 내가 꿈꾸지나 않는가 생각하였다.
(꿈인지 생시인지 불명의 뜻)

  (A)는 단연한 단정이며, (B)는 조심스러워하는 것입니다. 즉 '이나 아닌가' 하는 뜻입니다.

Neniu faros tion 아무도 그것을 못한다.

Neniu farus tion

아무도 그것을 할 사람이 없을 듯 하다.

하므로 남에게 의뢰나 청구할 때에 가정법을 쓰면 대단히 좋습니다.

  (A) Ĉu vi ne volas sendi al mi?

  (B) Ĉu vi ne volus sendi al mi?

  (A) 내게로 보내주시겠습니까?

  (B) 내게로 보내주시겠습니까? (어떻습니까 하는 의견를 묻는 뜻)

그 다음에는 se (만일……면)와 함께 하는 것이 있습니다.

  (A) Mi ne estis malsana, tial mi ne mortis.

  (B) Se mi estus malsana, mi mortus.

  (A) 내가 병들지 않았다. 그 때문에 나는 죽지 않았다.

  (B) 만일 내가 병들었으면 나는 죽었을 것인데. 와 같은 것입니다. 사실과는 반대되는 것을 말합니다.

Se li scius min, li venus al mi.

만일 그이가 나를 알았더면, 내게 왔을텐데.

Se mi havus monon, mi donus al li.

만일 내가 돈을 가졌더면, 그이에게 주었을 것인데.

【10일차】 접속사(Konjunkcio)

접속사라는 것은 말과 말, 또는 문구와 문구를 접속하는 것입니다. 어미가 일정하지 아니하고, 따라서 변화하지 않습니다.

Kaj 와, 과, 하고, 고, 그리하고. 및

dum ……하는 동안에.

Sed 그러나, 만은, 하나,

ke …하면, …그것은, (다고)

Ĝis 까지, tamen 아직도, 오히려, aŭ 또는,

Kvankam 그렇지만은 se 만일…하면,

Ĉar 하기 때문에.

단순히 어구만 연속시키고, 어구의 각 부분에 조금도 관계 없는 것이 있습니다.

Aŭtuno kaj vintro. 가을과 겨울.

Hundo estas besto kaj kolombo estas birdo. 개는 짐승이오, 비둘기는 새입니다.

그러나, 접속사의 어떤 것은 문장의 부분을 접속시키고, 그 부분으로 복종케 하는 것이 있습니다.

Mi diris, ke li mortis.

내가 그 이가 죽었다고 말하였다.

Mi scias, ke li estas honesta.

그 이가 정직한 것을 내가 압니다.

둘 이상의 접속사가 다른 문구와 이어져, 서로 호칭하는 것이 있습니다.

Ĉu vi venos aŭ ne?

그 이가 오겠는지 아니 오겠는지?

Ju pli mi lernas, des pli mi interesiĝas.

Ju pli…des pli 수록…더하다.

배우면 배울수록, 더 재밌게 간다.

Li ne sole ŝtelis, sed homon mortigis. ne sole…
sed 뿐 아니고…도 했다.

그가 도적질하였을 뿐 아니고, 사람을 죽였다.

La nokto estas tiel malluma, ke nenion mi
povos vidi.

밤이 내가 아무 것도 보지 못할만큼 어두웠다. tiel…
ke 만큼.

Mi havas tiom da manĝaĵo ke mi devas doni
ĝin.

내가 주지 아니하면 아니될 만큼 먹을 것을 가졌다.

Mia amiko, aĉetu tiom, kiom vi povas bezoni.

벗이어, 그대가 쓸 수 있는 만큼, (그만큼) 사시오.

Ĉu hodiaŭ estas varme aŭ malvarme?

오늘이 덥습니까 또는 춥습니까.

Li amas min, sed mi lin ne amas.

그이가 나를 사랑한다, 마는 나는 그이를 사랑치 않는
다.

Vi estas feliĉa, sed mi dubas.

그대는 행복이라 하나, 나는 의심하오.

Estu revenita, antaŭ ol mi venos al vi.

내가 그대한테 오기 전에 돌아오시오.

- 직접화법과 간접화법

여기 A군, B군, C군이 있다 하고, A군과 B군이 만나서, A군이 B군에게.

 Hieraŭ mi vidis Sinjoron C.

어제 내가 C군을 보았다.

그 다음에 B군이 C군과 만나서

(A) Sinjoro A diris: "Hieraŭ mi vidis Sinjoron C." (B) A군이 말하였다, '어제 내가 C군을 보았다.'

(B) Hieraŭ mi vidis Sinjoron C, diris Sinjoro A.

 (C) Hieraŭ diris Sinjoro A, mi vidis Sinjoron C.

와 같이 세 가지로 합니다. 이것은 직접화법입니다.

Sinjoro A diris, ke hieraŭ li vidis vin. 어제 그이가 당신을 보았다고 A군이 말하였다. 이것은 간접화법입니다.

직접 (A) Li diris al mi: "Ĉu vi lernas Esperanton?"

간접 (B) Li demandis al mi, Ĉu mi lernas esperanton.

(A) 그이가 내게 말하였다. '당신이 에스페란토를 배웁니까?'

(B) 그이가 내가 에스페란토를 배웁니까 물었습니다.

【11일차】 연계사(관계사)

'내게 책을 준 사람이 어디 있습니까' 하는 말을 에스
페란토로 고쳐보면

Kie estas la homo: la(또는 tiu) homo donis al
mi libron 처럼 두 마디가 됩니다.

　(A) Kie estas la homo?

　(B) La homo (aŭ tiu homo) donis al mi libron.

이렇게 하여서는 조금도 말이 중략이 되지 아니합니
다, 그렇기 때문에 (B)의 la homo 대신에 kiu (누
구?) 라는 것을 써 다시 고쳐보면,

Kie estas la homo, kiu donis al mi libron?

이 경우에 kiu는 la homo와 같습니다. 즉 다시 말하
면 어디 그 사람이 있습니까, 그 사람이란 누구(kiu?)
인고 하니 내게 책을 준 그 사람 의 뜻.

Kie estas la homo, kiu (la homo) donis al mi
libron. 의 뜻입니다.

La homo, kiu venis al mi hieraŭ, estas Franco.
어제 내게 왔던(바) 그 사람은 프랑스인이다.

La homo estas Franco.
그 사람은 프랑스인이다.

"Kiu (la homo) venis al mi hieraŭ"
그 사람이 어제 내게 왔다.

La homo, kiun mi vidis hieraŭ, estas Franco.
내가 어제 본(바) 그 사람은 프랑스인이다.

La homo estas Franco.
그 사람은 프랑스인이다.

Kiun (la homon) mi vidis hieraŭ.

그 사람을 내가 어제 보았다.

- 상관사 중에 질문사는 관계사로 씁니다.

La Ĥemiisto, kiu studas kaj legas, estas ĉino

연구하며 독서하는 화학자는 중국인입니다.

이 말의 kiu는 Ĥemiisto를 가르친 것으로,

La Ĥemiisto estas ĉino.

연구자는 중국인입니다.

Kiu studas kaj legas.

그 사람(누구?) 연구하며 독서한다.

이와 같이 되는 kiu는 관계사도 되며, 같은 때에 studas kaj legas의 주인도 됩니다.

La Ĉino, kiun mi vidis hieraŭ, estas literaturisto.

어제 내가 본 중국인은 문학자입니다.

La Ĉino estas literaturisto.

중국인은 문학자이다.

Kiun mi vidis hieraŭ.

그 사람을(누구?) 내가 어제 보았다.

La Ĉino, al kiu mi skribis, estas Esperantisto.

내가 편지한 중국 사람은 에스페란토 사용자이다.

La Ĉino estas Esperantisto.

중국인은 에스페란토사용자이다.

al kiu mi skribis 그 사람에게(누구에게?) 내가 편지를 하였다.

La Ruso, pri kiu mi parolas, estas poeto.

내가 말하는 러시아 사람은 시인이다.

La Ruso estas poeto.

러시아 사람은 시인이다.

Pri kiu mi parolas.

그 사람에게 대하여 (누구?) 내가 말한다.

용례.

a) Kiu 는 사람, 사물을 뜻합니다.

Jen estas la pomo, kiun mi trovis.

여기 내가 발견한 능금이 있다.

Tiu, kiu estas kontenta, estas feliĉa.

만족하는 바, 그 사람은 행복이다.

Tiu estas feliĉa. 그 사람은 행복이다.

Kiu estas kontenta.

그 사람은(누구? Kiu? Tiu) 만족하다.

La domo, en kiu oni preĝas, estas preĝejo. 사람
이 기도하는 바 집은 교회이다.

La domo estas preĝejo. 그 집은 교회이다.

En kiu oni preĝas.

안에서 (어느 안?) 사람이 기도한다.

Mi ne amas infanon, kiu ne obeas siajn gepatrojn.

나는 자기의 양친에게 복종하지 않는 아이를 좋아 않
는다.

Tiuj, kiuj volas eniri, devas pagi po du frankaj.

들어오고 싶은 바, 그 사람들은 두 프랑씩을 반드시

내야 한다.

Ĉiuj, kiuj venis, estis bonaj studentoj.

왔던 바, 모든 사람들은 좋은 학생이었다.

b) Kio 는 일과 사물을 뜻합니다.

Ĉio, kion li diras, estas vera.

그가 말하는 바, 모든 것이 진실이다.

Li kredas ĉion, kion oni diras al li,

그에게 말하는 바, 모든 것을 그는 믿는다.

Ĉu vi komprenas tion, kion mi diras? aŭ ĉu vi komprenas, kion mi diras?

내가 말하는 바, 그것을 이해합니까?

Ĝi estas la plej bona, kion mi faris en mia vivo. 그것은 나의 일생중에 한바, 가장 좋은 것이다.

c) Kies 는 소유를 뜻하는 말입니다.

Li estas mensogulo, kies parolon neniu kredas.

그는 그의 말을 아무도 믿지 아니하는 거짓말쟁이다.

Li estas mensogulo. 그는 거짓말쟁이다.

Kies parolon neniu kredas.

그 사람의(누구의?) 말을 아무도 믿지 않는다.

La sinjoro, al kies filo mi instruas Esperanton, donis al mi libron.

그의 아들에게 에스페란토를 내가 가르치는 신사가 내게 책을 주었다.

La sinjoro donis al mi libron.

그 신사가 내게 책을 주었다.

Al kies filo mi instruas Esperanton.

그 사람의 아들에게 내가 에스페란토를 가르친다.

d) Kia 는 상태, 성질을 뜻합니다.

Li estas tia homo, kian mi neniam vidis.

그는 내가 보지 못하던 바, (kia) 그러한 사람이다.

Li estas tia homo. 그는 그러한 사람이다.

Kian (homon) mi neniam vidis.

그러한(어떤 사람인고?) 사람을 내가 보지 못했다.

Mi ne amas homojn, kiaj ili estas.

나는 그들과 같은 사람들을 사랑치 않는다.

Mi ne amas (tiajn) homojn.

나는 그러한 사람들을 사랑치 않는다.

Kiaj ili estas.

그러한 사람들로(kiaj) 그들이 있다.

e) Kiel 은 상태를 뜻합니다. Tiel 과 같이

Mi estas tiel forta, kiel vi (estas forta.) 나는 그대와 같이(그대가 힘쓰는 것과 같이) 그렇게 힘쓰다.

Mi ne timas tiajn homojn kiel li. 나는 그와 같은 그런 사람들을 무서워하지 않는다.

Li tremas kiel aŭtuna folio.

그대는 가을 나뭇잎과 같이 떨고 있다.

Mi faros same, kiel vi (=mi faros tiel same, kiel vi faras)

나는 그대와 같이 같게 하겠다. (나는 그대가 하는 것과 같이 그렇게 같이 하겠다.)

Mi faris kiel vi ordonis al mi.

나는 당신이 명령한대로 하였습니다.

f) Kiam은 때를 뜻합니다.

Kiam mi estis juna, (tiam) mi estis riĉa. 내가 젊었을 때에, (그 때에) 나는 부자였다.

예를 들면 다 이런 것이겠습니다.

다음에 또 말하기로 하고, 다음에는 몇 개를 말하겠습니다.

Kie estas flumo, tie estas fajro.

연기가 있는 바 그 곳에는 불이 있다.

Prenu (tiom), kiom vi volas.

그대가 원하는 것만큼 (그만큼) 가져라.

Prenu, kiom ajn vi volas.

얼마든지 원하면 가져라.

Kiom da kapoj, tiom da opinioj.

머리수만큼, 그만큼한 의견. (십인십색)

Prenu tion, kion vi bezonas.

그대가 쓸 바 그것을 가지라.

Prenu, kion ajn vi bezonas.

쓸 터이면, 무엇이든지 가지라.

Kion vi ne faris hieraŭ, tion vi ne faros eterne.

어제 하지 못한 것은 영구히 하지 못합니다.

Ĉu tio ĉi estas la libro, pri kiu vi parolis hieraŭ? 이것이, 어제 말씀하신 그 책입니까.

Pri kiu = la libro.

- 관계문 (La rilata frazo)

Mi konas ŝin, kiu (kaj ŝi) estas tre bela.

kio	kion	kio	kion
kiu	kiun	kiuj	kiujn
kia	kian	kiaj	kiajn
kie	kien		
kiam			
kies			
kiom			

Mi havas tion, kion vi volas havi.

나는 네가 갖기를 원한 것을 가지고 있다.

Mi forgesis ion, kion mi devis fari.

나는 내가 해야 할 무언가를 잊었다.

Li faris ĉion, kion li volis fari.

그는 그가 하고 싶은 모든 것을 했다.

Estis nenio, kio povas havi influon sur nia sorto.

우리 운명에 영향을 줄 아무것도 없다.

Ŝi posedis bonan memoron, kio donis al ŝi la bonan postenon.

그녀는 자기에게 좋은 지위를 줄 좋은 기억을 가지고 있다.

Plej bona, kion ili povis fari, estis nur paciencado.

그들이 할 수 있는 가장 좋은 것은 오직 인내뿐이다.

Ĝi estas la fontplumo, kiun vi aĉetis hieraŭ.

그것은 네가 어제 산 만년필이다.

Mi trovis la ombrelon, kiun vi perdis.

나는 네가 잃어버린 우산을 찾았다.

La profesoro, kiu nun instruas, estas tre fama.
지금 가르치고 있는 교수는 매우 유명하다.
La fraŭlino, kiun mi renkontis hieraŭ, estis afabla.
내가 어제 만난 아가씨는 친절하다.
La sinjoro, al kiu vi skribis, estas mia amiko.
네가 편지한 남자는 나의 친구다.
La homo, pri kiu vi parolis al mi, estas mia amiko.
네가 내게 말했던 남자는 나의 친구다.
La fraŭlinoj, kiuj nun interparolas, estas esperantistoj,
지금 대화하는 아가씨들은 에스페란티스토다.
La esperantistoj, kiujn mi renkontis en la 59-a Universala Kongreso de Esperanto, estis bonkoraj.
59차 에스페란토 세계대회에서 만난 에스페란티스토들은 착하다.
Li estas tia, kia estas mia patro.
그는 나의 아버지와 비슷하다.
Li mortis en Koreujo, kie li pasigis 40 jarojn. 그는 40년을 보낸 한국에서 죽었다.
Mi promenis en la parko, kien multaj geamantoj venas.
나는 많은 연인들이 오는 공원에서 산책했다.
Kiam poŝo mizeras, tiam amo malaperas.

호주머니가 비참할 때 사랑은 사라진다.

Mi skribis al li, kies adreson la profesoro al mi donis.

나는 교수가 내게 준 주소로 그에게 편지했다.

Mi manĝis tiom, kiom mi povis manĝi.

나는 내가 먹을 수 있는 만큼 먹었다.

【12일차】 호격

Amiko, donu al mi panon!

친구여, 내게 빵을 주시오.

Infano, estu diligenta.

아이야, 부지런하여라. infano 어린아이.

Malfeliĉa knabino! Ŝi ne havas patrinon.

malfeliĉa 불행한,

불행도 하다, 소녀는 어머니가 없다.

knabino 소녀, patrino 어머니.

이런 때에는 호격이 아니고 단순히 감탄의 뜻만을 표합니다.

- 긍정과 부정

긍정에는 Jes (승낙)로, 부정에는 Ne (아니오)로 대답하면 그만입니다.

Ĉu vi konas lin? 당신이 그이를 압니까.

Jes. mi konas lin 네, 내가 그이를 압니다.

Ne, mi ne konas lin.

아니요, 나는 그이를 모릅니다.

말을 어떻게 묻든지, 자기의 맘대로 있으면 Jes로, 없으면 No로 대답하면 틀릴 것이 없습니다.

Ĉu vi ne volas iri? 너는 가고싶지 않니?

Jes. mi volas iri. (가고 싶으면) 네, 내가 가고 싶습니다.

Ne, mi ne volas iri. (가고 싶지 않으면) 아니요, 나는 가고 싶지 않습니다.

【13일차】 형용사의 비교급

(Adjektiva Komparado)

Pli (플리) 더, 한층

Plej (플레이) 가장, 제일(관사가 있어야).

Ol (올) 보다, 보다도. el (비교하면) 중에서는, 서는. Ĉiuj(모든 사람)

(A) A estas tre bona.

(B) Sed B estas pli bona ol A.

(C) C estas la plej bona el ĉiuj

(A) A가 대단히 좋다. (B) 그러나, B는 A보다 더 좋다. (C) C는 모든 사람들 중에서는 가장 좋다.

이와 같이 Pli……ol(보다…더)로 된 것을 Komparativo(비교사)라 하며, La plej(가장)로 된 것을 Superativo(최상급)라고 합니다. 한데 Plej 라고 하면 가장이라는 뜻이기 때문에 물론 관사가 있어야 할 것입니다.

La papero estas tre blanka, sed la neĝo estas pli blanka ol la papero, do, kio estas la plej blanka el ĉiuj?

종이가 대단히 흽니다. 그러나 눈은 종이보다 더 흽니다. 그러면(do) 무엇이 모든 것 가운데서 가장 흽니까?

부사에도 비교급을 쓸 수 있습니다.

(A) A kantas pli bone ol B.

A는 B보다 더 잘(좋게) 노래합니다.

(B) C kantas (la) plje bone el ĉiuj.

C가 모든 사람 중에서는 가장 잘(좋게) 노래합니다.
이러할 때에 la를 쓰기도 합니다, 그러나 부사이기 때
문에 아니 쓰는 것이 좋을 듯합니다.

Mal-은 접두사인데 순반대의 뜻입니다.

Malpli 열등. Malplej 최열등이 됩니다.

 (A) A estas pli malsaĝa ol B.

A가 B보다 더하게 바보다.

 (B) A estas malpli saĝa ol B.

A가 B보다 더 못한 영리다.

 (C) C estas la plje malsaĝa.

C가 제일 바보다.

 (D) C estas la malplej saĝa.

C가 제일 못한 영리다.

 (A)와 (B)의 뜻이 다른 것 같으나 결국은 A가 바보라
는 뜻이 되며, (C)와 (D)도 그 뜻이 다른 것 같으나
역시 C가 제일 바보라는 뜻입니다.

동위급이라는 것이 있습니다. 이것은 Tiel……kiel인데
그 뜻은 똑같다라는 것입니다.

A estas tiel forta kiel B.

kiel 그렇게, kiel 와 같이.

A는 B와 같이 그렇게 힘 있다.

(A는 B만큼 힘 있다.)

Li estas tiel saĝa kiel vi.

그가 당신만큼 영리하다.

 (비고) Seulo estas la plje granda urbo en
koreio. 서울이 조선 안에서는 제일 큰 도시입니다.

【14일차】 전치사 da의 용법

수나 양을 나타낸다.
측정 단위 뒤에 쓰이며 DA 뒤에 오는 단어가
양을 나타낼 때는 단수,
수를 나타낼 때는 복수를 쓴다.

deko da (ovoj) 한 줄
dekduo da (krajonoj) 한 타스
cento da (persimonoj) 한 접
3 dekoj da ovoj 달걀 3줄
2 dekduoj da krajonoj 연필 2타스

*botelo, glaso, barelo, litro, peco, kilogramo,
sako, kesto 등에 da를 붙여서 단위로 쓸 수 있다.
Ni trinkis botelon de biero. (X)
Ni trinkis botelon da biero. (O)
우리는 맥주 한병을 마셨다.
Mi jam legis multe da romanoj de I Gŭang-su.
나는 이미 이광수의 많은 소설을 읽었다.
Mi renkontis kelke da esperantistoj en Busan.
나는 부산에서 상당한 수의 에스페란티스토를 만났다.
전치사 중에 de는 단순히 소유를 표하고, da는 수량
을 표하는 것입니다.
Mi havas la libron de mia patro.
내가 나의 아버지의 책을 가졌다.
Mi havas dekon da libroj.

내가 책 열 권을 가졌다.

(A) Mi trinkas glason de vino.

내가 포도주 잔을 마신다.

(malplena je vino)

(B) Mi trinkas glason da vino. 내가 포도주가 가득한 잔을 마신다. (plena je vino)

(A) 윗 것은 술도 없는 포도주 잔을 먹었다는 뜻이 되고 (B) 윗 것은 포도주가 가득한 잔을 먹었다는 뜻이니, 즉 술을 먹었다는 것이오, (A)의 것은 빈 술잔을 먹었다는 뜻입니다.

Li havas dekduon da krajono. dekduo 한타스.

그가 연필 한 타스를 가졌습니다.

Li havas dek krajonojn. 그가 연필 열 자루를 가졌습니다.

【15일차】 Oni의 용법

Oni는 제삼인칭 인칭의 명사입니다. 한데 누구라고 정치 않고 일반으로 '누구나'든가 '일반인'이라든가 하는 때에 쓰는 것입니다.

Oni diras, ke la vero ĉiam venkas.

진리가 항상 이긴다고 합니다.

Oni diros, ke li mortis.

그가 죽었다고 합니다

Oni ne amas obstinan homon.

완고한 사람을 좋아하지 않습니다.

En la vintro oni hejtas fornojn.

겨울에는 난로를 핍니다.

　Oni는 단수에도 관계하지 않습니다.

Kiam oni estas riĉa, oni havas multajn amikojn.

　Kiam oni estas riĉaj, oni havas multajn amikojn.

부자일 때에는 많은 친구를 가집니다. 이러한 것은 아무렇게 하더라도 관계치 않습니다.

Oni deziras esti feliĉa.

행복하기를 바란다.

Oni deziras esti feliĉaj.

Oni는 소유격 onia도 못되며, onin 목적격도 못 됩니다.

- Si의 용법

제삼 인칭 대명사로 다시 말한 주인을 말하려고 할 때 쓰는 것입니다. 한데 제 삼인칭에는 남, 여, 중성을 물론 하고 씁니다.

Mi amas min mem, vi amas vin men, li amas lin kaj ŝi amas sin mem.

나는 내 자신을 사랑하고, 당신은 당신 자신을 사랑하고, 그는 그를 사랑하고, 그 여자는 그 자신을 사랑합니다.

Mi diris al mi, vi diris al vi kaj li diris al si.

나는 내게 말하고, 당신은 당신에게 말하고, 그는 그 자신에게 말합니다. 즉 혼잣말한다는 뜻입니다.

Henriko vidas Johanon kaj lian fraton.

헨리코가 요하노와 그(요하노)의 형제를 본다.

Henriko vidas Johanon kaj sian fraton.

헨리코가 요하노와 자기의 (헨리코의) 형제를 본다.

제일 인칭이나, 제이 인칭에는 다른 1인칭과 2인칭이 없으므로 다른 사람이 될 리가 없으나 삼인칭에는 '그가 그를 보았다' 하면 그가 그 자신인지, 또는 다른 사람인지 알 수가 없으므로 그가 그 자신이라고 하는 뜻을 표하려고 하면 반드시 si 가(그 자신) 있어야 합니다.

Ŝi amas sian filinon kaj li amas sin mem.

그 여자가 자기의 딸을 사랑하며, 그는 그 자신(자기)를 사랑합니다.

【16일차】 목적격의 전치사

이것은 동작의 이동과 방향을 표하는 것입니다.

a) 동사의 목적어 표지로서

Knabino trinkas lakton.

작은 여자아이가 우유를 마신다.

b) 전치사를 생략하고 뒤에 오는 명사에 붙임

Li alvenis Seulon. (al Seulo)

그는 서울에 도착했다.

Mi ridas lian naivecon (pro lia naiveco)

나는 그의 순수함에 웃었다.

Li naskiĝis la 27-an (en la 27-a) de Aprilo.

그는 4월27일 태어났다.

Mi vekiĝis la 6-an (je la 6-a) matene.

나는 아침 6시에 깨어났다.

Ŝi dormis du horojn (dum du horoj).

그녀는 2시간을 잤다.

c) 장소를 나타내는 부사+n= 이동의 방향

Ŝi estas hejme. Ŝi revenas hejmen.

그녀는 집에 있다. 그녀는 집으로 돌아왔다.

Kie vi loĝas? Kien vi iras?

너는 어디 사니? 너는 어디로 가니?

Ŝi iras antaŭe. Ŝi iras antaŭen.

그녀는 앞으로 간다. 그녀는 앞쪽으로 간다.

Flanke. Flanken, mi petas.

한쪽으로 한쪽으로 부탁드립니다.

d) 장소를 나타내는 정치사+명사+n= 이동의 방향

antaŭ....n sub..n sur...n trans...n

Mi staras antaŭ la domo.
나는 집앞에 섰다.
Mi paŝas antaŭ la domon.
나는 집을 향해 걸어간다.
Rato kuris sub la lito.
쥐가 침대밑에서 달렸다.
Rato kuris sub la liton.
쥐가 침대밑으로 달려갔다.
Li metis libron sur la tablo.
그는 책을 탁자위에 놓았다.
Li metis libron sur la tablon.
그는 탁자위로 책을 놓았다.
Li eniris en la ĉambron.
그는 방으로 들어갔다.
Li naĝis trans la riveron.
그는 강을 건너서 수영했다.

Mi iris al seulo.
Mi iras Seulon. (aŭ iras en Seulon).
내가 서울로 간다.
Li vojaĝadas en Francujo kaj nun veturas en parizon. veturi 타고 가다.
그가 프랑스 안에서 여행하다가 지금 파리로 간다.
Ŝi kuras en la ĉambro.

그 여자가 방 안으로 따라 들어간다. (지금까지 밖에 있다가 방 안으로 들어간다의 뜻)

La birdo estas en ĉambroj kaj flugas en la ĉambro.

새가 방 안에 있어, 방 안에서 날아난다.

Birdo estas ekster la ĉambro kaj flugas en la ĉambro.

새가 방 밖에 있다가 방 안으로 날아 들어간다.

【17일차】 분사 (La participo)

a)능동태

진 행	완 료	예 정
-anta 하는	-inta 한	-onta 하려는
-ante 하면서	-inte 하고 나서	-onte 하려하면서
-anto 하는 사람	-into 한 사람	-onto 하려는 사람

b) 수동태

진 행	완 료	예 정
-ata 되는	-ita 된	-ota 되려는
-ate 되면서	-ite 되고 나서	-ote 되려하면서
-ato 되는 사람	-ito 된 사람	-oto 되려는 사람

Paŝante, li profunde meditis.
걸어가면서 그는 깊이 생각했다.
Fluanta akvo estas pli pura, ol akvo staranta senmove. 흐르는 물은 움직이지 않는 물보다 더 깨끗하다.
Promenante sur la strato, mi falis.
거리를 산책하다가 나는 넘어졌다.
Kiam Inso batas Munhon, tiam Inso estas la batanto kaj Munho estas la batato. 인소가 문호를 때릴 때 인소는 때리는 사람이고 문호는 맞고 있는 사람이다.
La Espero estas mia plej amata kanto.
'희망'은 내가 가장 좋아하는 노래다.
Mono havata estas pli grava ol havita.

가지고 있는 돈이 가진 돈보다 중요하다.

- 동작분사(Verba participo).(형용형,어미 A)
 Mi amas vin 하면 (내가 너를 사랑한다) Mi는 사랑하는 사람이며, Vi는 사랑 받는 사람일 것입니다.
이와 같이 Mi amis vin 하면 mi는 사랑한 사람, vi는 사랑 받은 사람, Mi amos vin 하면 mi는 사랑할 사람, vi는 사랑 받을 사람입니다.
이러한 경우 즉, 사랑하는, 사랑한, 사랑할 사람의 하는 동작을 능동이라 하며, 사랑 받는, 사랑 받은, 사랑 받을 사람의 받는 동작을 수동이라고 합니다.
Kiam mi amas vin, mi estas amanta homo kaj vi estas amata homo. 내가 너를 사랑하는 때에 나는 사랑하는 사람(amanta homo)이요, 너는 사랑 받는 사람(amata homo) 이다.
kiam li amis vin, li estas aminta homo kaj vi estas amita homo. 그가 너를 사랑하던 때에 그는 사랑하던 사람(aminta homo)이요, 너는 사랑 받은 사람(amita homo) 이다.
Kiam mi amos lin, mi estas amonta homo kaj li estas amota homo. 내가 그를 사랑하려고 할 때에 나는 사랑할 사람(amonta homo)이요, 그는 사랑 받을 사람(amota homo) 이다.
Akvo fluas 물이 흐른다.
fluanta akvo 흐르는 물.
Akvo fluis 물이 흘렀다.

fluinta akvo 흐른 물.

Akvo fluos 물이 흐르겠다.

fluonta akvo 흐르려는 물.

Homon batas 사람을 때린다,

batata homo 맞는 사람.

Homon batis 사람을 때렸다.

batita homo 맞은 사람

Homon batos 사람을 때리겠다.

batota homo 맞을 사람.

Fluanta akvo estas pura.

흐르는 물이 맑다.

La tempo pasinta ne revenos.

지나간 시간은 돌아오지 못한다.

Ne kredu la tempon venontan.

오려는 시간을 믿지 말아라.

한데 동양에서는 수동이 적습니다, 그러나 서양에서는 수동을 많이 씁니다. 동양에서는 '내가 편지를 썼다' 하지만은, 서양에서는 '편지가 내게 말미암아 써졌다' 합니다. 이것은 동서양의 인정이 서로 같지 아니한 점입니다.

Mi skribis leteron(내가 편지를 썼다) 할 것을 Letero estis skribita de mi. (편지가 나로 말미암아 써졌다) 합니다.

Ernesto estas mia plej amata filo.

에르네스토는 나의 가장 사랑받는(사랑하는) 아들이다.

Libro aĉetita estas pli bona, ol libro aĉetota.

사진(산) 책은 사질(살) 책보다도 더 좋다.

Mono havata estas pli necesa, ol mono havita.
가져진(가지고 있는) 돈은 가져졌던(가졌던) 돈보다 더 필요하다.

La tempo venonta estas pli bona, ol la tempo veninta. (La tempo kiu venos, estas pli bona, ol la tempo kiu venis)
오려는 때는 왔던 때보다 더 좋다.

- 분사부사(어미 E)

 Legante lian leteron, ŝi ekploris. ekplori 으악하며 울다.

그의 편지를 읽으면서, 그 여자가 울었다.

Leginte lian leteron, ŝi ekploris. 그의 편지를 읽고서(다 읽고) 그 여자가 울었다.

Legonte lian leteron, ŝi ekploris. 그의 편지를 읽으려고 하며, 그 여자가 울었다.

Ridetante, li mortis. rideti 헤죽헤죽 웃다. 헤죽헤죽 웃으면서, 그가 죽었다.

Trovinte pomon, mi ĝin manĝis. trovi 발견하다.
능금을 얻어서, 내가 그것을 먹었다.

Ironte promeni, mi ŝlosis la pordon.
산보하러 가려고 내가 문을 잠갔다.

 (주의) 다른 주격의 동작을 표하기 위하여 분사동사를 써서는 아니 됩니다. La suno subiris, kaj ni revenis (해가 넘어갔다, 그래서 우리가 돌아왔다) 할

것을 La suno subirinte, ni revenis 해서는 잘못입니다.

- 분사명사(어미 O)
명사이기 때문에 '것'이겠습니다. 따라서 대개는 동작의 주인이 사람이나 동물일 것입니다.
Venu, savonto de la mondo! savi 구원하다. 오시오, 세계의 구주여! (구원하려는 이)
 Mortinto jam ne vivas.
죽은 이는 이제는 살지 못한다.
Kiam Nikodemo batas, johanon, Nikodemo estas batanto kaj Johano estas batato.
니코데모가 요하노를 때리는 때에, 니코데모는 때리는 이요, 요하노는 맞는 이외다.
Amanta homo=amanto, Aminta homo=aminto, amonta homo=amonto, amata homo=amato,
 amita homo=amito, amota homo=amoto 일 것을 잊어서는 아니됩니다.
Arestitoj estas juĝotoj. aresti 얽다, juĝi 재판하다.
포박된 이는 재판받을 이입니다.
Li estas lernanto kaj mi estas lerninto. 그는 배우는 이(학생)요 나는 배운 이입니다.

(참고) 동서양의 인정에 따라, 각각 같은 말을 다르게 몇 마디 말하여 둡니다.
번호는 서, 없는 것은 동입니다.

1. Via letero faris al mi ĝojon.

당신의 글월이 내게 기쁨을 주었다.

Mi ĝojas pro via letero.

내가 당신 편지 때문에 기뻐합니다.

2. Urĝa afero lin venigis al Seulo.

급한 일이 그를 서울 가게 한다.

Pro urĝa afero li venis al Seulo.

급한 일 때문에 그가 서울 갔다.

3. Longa parolado lin lacigis.

긴 연설이 그를 피곤하게 하였다.

Li laciĝis pro longa parolado.

긴 연설 때문에 그가 피곤했다.

4. Densa nebulo faris al mi malsanon.

 Mi malsaniĝis pro densa nebulo.

빽빽한 안개가 내게 병을 만들었다.

5. Varmo fluidigas glacion.

더위가 얼음을 녹인다.

Glacio fluidiĝas pro varmo.

【18일차】 조어법(La vortofarado)

기초되는 몇 단어에 맘대로 특정한 의미가 있는 접두사와 접미어를 사용하여 많은 단어를 파생시켜 사용하므로 단어 암기의 노력이 매우 줄어든다. 한데 접두사는 어근 위에, 접미사는 어근 끝에 붙인 뒤에 적당한 어미를 붙일 것입니다.

a) 단어 +단어

★ 보통 앞단어의 어미는 떼고 결합하나 특별한 뜻을 나타내는 경우나 발음이 좋지 않을 때는 두 어근 사이에 적당한 어미를 넣을 수 있다 .

fero	+	vojo	=	fervojo
mateno	+	manĝo	=	matenmanĝo
tago	+	manĝo	=	tagmanĝo
vespero	+	manĝo	=	vespermanĝo
bona	+	gusto	=	bongusta
invito	+	karto	=	invitkarto
radio	+	stacio	=	radiostacio
unua	+	fojo	=	unuafojo

b) 접두어 +단어

bopatro malbela gepatroj miskompreni

c) 단어 +접미어

homaro ĉevalido mirinda kolerema

d) 접두어 +단어 +접미어

eksedziĝi bopatrino gejunuloj

e) 접두 (접미)어 +문법적 어미

mala   dise   eksigi ismo   eta   ega

eble   eco   ano

f) 전치사 +단어

eniri eliri aliri kuniri preteriri   trairi

supreniri   malsupreniri ĉeesti

aldoni eldoni

- 접두어

Mal-순 반대의 뜻.

Riĉa 돈 많은 Granda 큰 Longa 긴 juna 젊은,
Malriĉa 가난한 malgranda 작은 mallonga 짧은
maljuna 늙은.

Malgranda 작은, Malriĉa 가난한(적극적)

Negranda 작지 않은, neriĉa 돈 없는(소극적)

Ge-남녀양성을 한 때에 가르키는 뜻 (복수가 됩니다.)

Patro 부. frato 형제. studento 학생.

Gepatroj   부모.(양친)   gefratoj   형제자매.

gestudentoj 남녀학생.

Sinjoro 신사. edzo 남편. onklo 숙부.

Gesinjoroj 신사숙녀. Geedzoj 부부.

geonkloj 숙부숙모.

Bo—자기. 또는 친척의 결혼으로 인하여 생기는 친족 관계의 뜻.
Patro 부. frato 형제. onklo 숙부.
Bopatro 장인, 시아버지. bofrato 처남형제.
boonklo 처삼촌. 시숙부.
Bopatrino 장모. 시어머니. bofratino 처자매. 시누이. boonklino 처숙모. 시숙모.

Pra—연대, 또는 시간으로 먼 뜻.
Avo 조부. nepo 손자. patro 부. tempo 때.
Praavo 증조. pranepo 증손. prapatro 선조.
pratempo 고대.

EK—발단, 또는 동작의 순간의 뜻.
Brili 빛나다. plori 울다. rigardi 보다, 바라보다.
Ekbrili 번뜻 빛나다. ekplori 으악울다.
ekrigardi 슬쩍 보다, 슬쩍 바라보다.
Kanti 노래하다. haltiĝi 머물다. iri 가다.
Ekkanti 노래하기 시작하다. ekhaltiĝi 슬쩍 서다.
ekiri 문득 가다.

Re—다시 근본으로 돌아온다는 뜻.
Doni 주다. veni 오다. brili 빛나다. vidi 보다.
Redoni 갚다. reveni 돌아오다. rebrili 반사하다.
revidi 재회, 재견하다.
 (고별할 때에 adiaŭ(서로 하는 안녕히 가세요, 또는

안녕히 계세요) 라고 하든지 ĝis revido(다시 보기까지, 즉 또 봅시다) 라고 합니다.)

Dis—이산, 또는 흩어져 있다는 뜻.
Doni 주다. iri 가다. fali 넘어지다. meti 두다.
Disdoni 분배하다. disiri 흩어져 가다.
disfali 와해하다. dismeti 여기 저기 두다.

Eks—관, 직 같은 것을 그만 둔 때에. 전, 선의 뜻.
Ministro 대신. oficiro 사관. edzino 처.
lernejestro 교장.
Eksministro 전대신. eksoficiro 전사관.
eksedzino 전처. ekslernejestro 전교장.

Vic—부, 차순위의 뜻.
Reĝo 왕. grafo 백작. prezidento 회장. 대통령.
Vicreĝo 부왕. vicgrafo 자작.
vicprezidento 부회장, 부통령.

【19일차】 접미어

ー In ー여성의 뜻.

Patro 부. frato 형제. viro 남. koko 닭. hundo 개.
patrino 모. fratino 자매. virino 여. kokino 암탉.
hundino 암캐.

(hundo라는 것은 hundino에 대한 것이기 때문에
hundo 하면 수캐의 뜻입니다.)

그래서, Ĉevalo 말. hundo 개. koko 닭. (일반남여
성)

Ĉevalino 암말. hundino 암캐. kokino 암탉.

Ĉevalviro 수말. hundviro 수캐. kokviro 수탉. 이
렇게 구분하여도 좋을 듯 합니다.

ー Eg ー강대의 뜻.

ー Et ー강소의 뜻.

Rivero 강. ridi 웃다. bona 좋은. pordo 문.

Rivereto 작은강. rideti 미소하다. boneta 꽤 좋은.
pordeto 작은문.

Riverego 큰강. ridegi 크게웃다. bonega 썩 좋은.
pordego 대문.

ー Il ー기구재료의 뜻.

Tranĉi 베다. flugi 날다. pafi 쏘다. haki 찍다.
kuraci 고치다.

Tranĉilo 칼. flugilo 비행기. pafilo 총. hakilo 도끼.
kuracilo 치료제.

-Ar-집합의 뜻.

Ŝipo 배. homo 사람. vorto 단어. arbo 나무. manĝilo 식품.

Ŝiparo 함대. homaro 인류. vortaro 사전. arbaro 밀림. manĝilaro 식품일반.

-Aĵ-일과 사물의 뜻.

(1) 성질형용사에 붙이면 그 성질의 구체적인 물건을 표시

Bona 좋은, nigra 검은. antikva 고대의. korea 조선의.

Bonaĵo 좋은 물건. nigraĵo 검은 것. antikvaĵo 고물 koreaĵo 한글로 쓴 것.

(2) 명사에 붙이면 그 성질을 가진 것, 행위

Heroo 영웅. bruto 짐승. araneo 거미.

Heroaĵo 영웅적 행위. brutaĵo 짐승짓 araneaĵo 거미줄.

(3) 어떤 물질로 만든 것, 그 성질을 가진 것

Ovo 달걀. oro 금. brovo 소. ŝafo 양.

Ovaĵo 달걀로 된 음식물. oraĵo 금세공. brovaĵo 우육, ŝafaĵo 양육.

(4) 성질을 보이는 땅

Alta 높은. kruta 가파로운. ĉirkaŭ 둘레에. ekster 외부에.

Altaĵo 고지. krutaĵo 별개. ĉirkaŭaĵo 접경. eksteraĵo 외관.

(5) 동사에 붙이면 동작의 성질

Kreski 자라다. bruli 타다. esti 있다.

aparteni 속하다.

Kreskaĵo 식물. brulaĵo 가연물질. estaĵo 실재물.

apartenaĵo 부속품.

Konstrui 세우다. manĝi 먹다. legi 읽다.

trovi 발견하다.

Konstruaĵo 건축물. manĝaĵo 식품. legaĵo 읽을것.

trovaĵo 발견물.

ーEcー성질을 추상적으로 보이는 뜻.

(1) 성질형용사에 붙이면 성질의 명사, 추상명사가
될 것

Bona 좋은. libera 자유의. utila 유익한. juna 젊은

Boneco 선량함. libereco 자유. utileco 유익.

juneco 젊음.

(2) 명사에 붙이면, 그 성질의 추상명사가 될 것

Amiko 친구. viro 사나이. heroo 영웅.

Amikeco 우정. vireca 사나이다운.

heroeco 영웅적 기질.

한데 다음과 같은 것을 잊지 말아야 합니다.

Blanka 흰. bela 아름다운.

Blanko 흰색. belo 아름다움, 미

Blankeco 힘.

beleco 아름답다는 미된 성질의 아름다움. (추상적)

Blankaĵo 흰 것. belaĵo 아름다운 것.

Akvo 물. propra 특유의, 고유한
Akva 물의. propraĵo 특유사물, 소유물.
propreco 특성, 고유성.
Akvaĵa 물이 있는, 물로 만든, ** akvohava,
akvoriĉa, akvoplena. Akveca 수성이 있는.

—Id— 자손, 새끼, 후손의 뜻.
Koko 닭. hundo 개. reĝo 왕.
Napoleono 나폴레옹.
Kokido 병아리. hundido 강아지. reĝido 왕자, 왕손.
Napoleonido 나폴레옹의 자손.
(부기) duono(반)으로 duonpatro 계부. duonfilo
계자를 만듭니다.

—An—단체의 일원의 뜻.
Urbo 도시. Koreo 조선. Ĉino 중국. Ruso 러시아.
Urbano 시민. Koreano 조선인. Ĉinano 중국인.
Rusano 러시아인.
 Kristo 그리스트. Konfucio 공자. / Kristano 예수
교신자. Konfuciano 공자신봉자.(유교인.)

—Ist— 종사. 직업자의 뜻.
Kuraci 치료하다. Ĥemio 화학. naturo 자연.
Kuracisto 의사. Ĥemiisto 화학자. naturisto 자연주
의자.
Instruanto 가르치는 이. (본직이 아니고 일시의)

Instruisto 교사. 교원 (본직).

−Ul− 성질, 종류의 사람을 가르치는 뜻.
Blinda 맹목의. riĉa 부유한. konata 아는
rampi 기다.
Blindulo=blindahomo.　　riĉulo=homo　　riĉa.
konatulo 지인. rampulo 파충류.

−Ad− 동작의 연속을 의미하는 것.
Spiri 숨쉬다(한번) paroli 말하다, pafi 쏘다.
Spiradi 호흡하다. paroladi 연설하다,
pafadi 사격하다.
Legi 읽다, kroni 왕관 씌우다, iri 가다,
Legadi 연독하다. kronadi 대관식하다. iradi 다니다.

−Ej− 장소의 뜻.
Lerni 배우다. kuiri 요리하다. preĝi 기도하다.
vendi 팔다.
Lernejo 학교. Kuirejo 부엌. preĝejo 교회당.
vendejo 매점.
Soldato 군인. Ofico 직무. gasto 손님.
necesa 필요한,
Soldatejo 병영. oficejo 사무실. gastejo 여관.
nesesejo 화장실.
Densa 무성한, profunda 깊은,
Densejo 무성한 곳. profundejo 깊은 곳.

ㅡUjㅡ 용기의 뜻.

Pomo 능금. mono 돈. sablo 모래.

Pomujo 능금나무=pomarbo. monujo 지갑.

sablujo 모래그릇 (지갑과 같은 것)

그 밖에 나라를 표하는데 씁니다. Koreo 조선인 Koreujo 조선이라는 땅. 즉 조선인을 싣고 있는 그 릇. 또 lando, io를 쓰기도 합니다. Anglo 영국인, Anglano, Anglujo, Anglio도 영국의 뜻입니다.

가령 Li estas koreujano 하면 li는 koreano가 아니지만 Korejuo에 사는 한 사람이라는 뜻입니다. 하기 때문에 국적은 관계 없이 외국인으로 와서 산다는 뜻입니다. La koreo, kiu loĝas en Rusujo, estas Rusujano.

ㅡIngㅡ 꽂는, 또는 끼우는 용구의 뜻.

Plumo 연필촉. Kandelo 양촉. glavo 칼.

Plumingo 연필대. Kandelingo 촛대. glavingo 칼집

ㅡErㅡ 분자를 가르키는 뜻.

Sablo 모래. rizo 쌀. mono 돈. malsano 병.

Sablero 모래 한 알. rizero 쌀 한 알. monero 최저 금전. malsanero 병원체.

ㅡIĝㅡ 게되다, 지다(자연히)의 뜻.

Edzo 남편. edzino 아내.

Edziĝi 지아비되다(아내 얻다)

edziniĝi 아내 되자(지아비 얻다, 시집가다)
Ruĝa 붉은. riĉa 부유한. malsano 병. bona 좋은.
Ruĝaĝi 붉어지다. riĉiĝi 부유해지다.
malsaniĝi 병들다. boniĝi 좋게 되다.
Movi 움직이다. vesti 옷 입히다.
renversi 꺼꾸려친다.
Moviĝi 움직이게 되다. vestiĝi 옷 입다.
renversiĝi 꺼꾸러지다.
Vidi 보다. trovi 발견하다. fari 하다, 만들다.
Fini 끝내다. Fermi 닫다.
vidiĝi 보이다. troviĝi 발견되다. fariĝi 되다, 만들어
지다. Finiĝi 끝나다. Fermiĝi 닫히다.

ㅡIgㅡ 케하다, 시키다의 뜻.
Pura 맑은, bona 좋은, ruĝa 붉은.
Purigi 맑히다, 맑게 하다 bonigi 좋게 하다. ruĝigi
붉히다.
Morti 죽다. Daŭri 계속하다. veni 오다.
Mortigi 죽게 하다, 죽이다. daŭrigi 연속케 하다.
venigi 오게 하다.
Kanti 노래하다 manĝi 먹다. presi 인쇄하다.
Kantigi 노래시키다. manĝigi 먹이다. presigi 인쇄시
키다.
Vidi 보다. scii 알다. koni 알다.
Vidigi 보게 하다. sciigi 알리다. konigi 알리다. 소개
하다.

Mi konas lin, sed mi ne scias lin.
Koni는 그저 아는 것이오, scii 이해의 뜻.

－Ebl－할 수 있는, 가능의 뜻. (Kiu povas esti－)
 Vidi 보다. kredi 믿다. aǔdi 듣다,
Videbla 볼 수 있는, kredebla 믿을만한, aǔdeble
들을 수 있는

－Ind－할만한, 가치가 있다는 뜻. (Kiu meritas)
 Laǔdi 칭찬하다. vidi 보다. diri 말하다.
Laǔdinda 칭찬할만한. vidinda 볼만한.
dirinda 말할만한.
Dirinda 말할만한, (말하여도 말할 값이 있을만한)
Direbla 말할 수 있는 (말하려고 하면 넉넉히 말할 수
있는)

－Em－ 경향과 습성을 표하는 뜻.
Koleri 노하다. malsano 병. kredi 믿다.
Kolerema 화를 잘 내는. malsanema 병나기 쉬운.
kredema 잘 믿는

－Aĉ－ 열악의 뜻.
verko 저작. poeto 시인. homo 사람.
verkaĉo 졸작. poetaĉo 얼치기시인. homaĉo 악인.
찌꺼기.

－Ĉj－ 남성

－Nj－ 여성

의 애칭의 뜻. (한글에는 없습니다.)

Mario 마리아. Johano 요하노. Patro 부.

Patrino 모.

Manjo 마리아의 애칭. Joĉjo 요하노의 애칭.

Paĉjo 부의 애칭. Panjo 모의 애칭.

－Um－ 일정한 뜻이 없고, 특별한 뜻을 내는 접미어입니다. 이것은 단어로 외워두는 것이 좋습니다.

기능하다	foliumi, palpebrumi, okulumi, brakumi, cerbumi, mastrumi, butonumi.
공급하다	aerumi, akvumi, arbarumi, sapumi, sukerumi, ventumi, sunumi.
부 속 물	kalkanumo, plandumo, kolumo, manumo.
사형방법	krucumi, hakilumi, pendumi, ŝtonumi.
기 타	amindumi, gustumi, plenumi, komunumo.

지금 예를 들면:

Kolo 목. mano 손. sapo 비누. Okulo 눈. akvo 물.

Kolumo 카라. manumo 카프스.

Sapumi 비누 바르다. Okulumi 목산하다.

akvumi 물뿌리다.

dato 날짜. Oro 금. inko 잉크. plena 가득한.

datumi 날짜계산하다. orumi 도금하다.

inkumi 잉크 넣다. plenumi 만족하다. 성취하다.

【20일차】 준접두어라는 것은 전치사, 본래의 부사, 또는 대명사 중에 어형의 간단한 것을 접두어와 같이 어근 위에 붙여쓰는 것입니다.

Al- 향하여, 참가의 뜻입니다.
Veni 오다. Doni 주다. Paroli 말하다.
alveni 도착하다. Aldoni 첨가하다.
Alparoli 말 붙인다.

Ĉi- 근접의 뜻입니다.
supre 위에 sube 아래 supra 상기의
Ĉisupre 요 위에 Ĉisube 하기의 Ĉisupra 요 위의

De- 유래, 떠나다, 분리, 제거의 뜻입니다.
Veni 오다 Flugi 날다 Longe 오래.
Deveni 유래하다, Deflugi 날아가다.
Delonge 오래부터

El- 밖으로, 완료, 완성의 뜻입니다.
Iri 가다. Tero 흙. Lerni 배우다.
Eliri 나아가다. Elterigi 파내다. Ellerni 배워 알다.
Teni 유지하다. Vendi 팔다. Labori 일하다.
Elteni 꽉 참다. Elvendi 다 팔다.
Ellabori 다 끝내다.

En- 안에, 안으로의 뜻입니다.
Iri 가다. Havi 가지다.

Eniri 들어가다. Enhavi 내용하다.

For— 저기, 멀리의 뜻입니다.
Kuri 달아나다. Esti 있다. Lasi 남겨두다
Forkuri 멀리 달아나다. Foresti 부재하다.
Forlasi 버리다.

Inter— 두 개, 또는 다수자의 사이, 서로의 뜻입니다.
Nacia 국민의, Ŝanĝi 바꾸다. Paroli 말하다.
Internacia 국제의, Interŝanĝi 교류하다.
Interparoli 대화하다.

Kun— 함께의 뜻입니다.
Helpi 돕다 Kanti 노래하다 Veni 오다.
Kunhelpi 조력하다. Kunkanti 합창하다.
Kunveni 회합하다.

Laŭ— 에 따라, 에 의하여, 에 따르면의 뜻입니다.
Bezono 필요 Taga 날의, Vorto 글자
Laŭbezono   필요에   따라.   Laŭtaga   일정의,
Laŭvorta 축자의.

Mem— 스스로의 뜻입니다.
Stari 서다 Lerni 배우다. Morti 죽다
Memstari 자립하다. Memlerni 자습하다
Memmorti 자살하다.

Ne- 부정의 뜻입니다.
Granda 큰. Bona 좋은. Juna 젊은,
Negranda 크지 않은, Nebona 좋지 못한, Nejuna
젊지 않은.

Pri- 에 대하여의 뜻입니다.
Paroli 말하다. Skribi 쓰다. Priparoli 협의하다.
Priskribi 기록하다.

Sen- 없음의 뜻입니다.
Pagi 지불하다. Dubo 의심 Senco 의미.
Senpaga 무료의. Sendube 의심없이,
Sensenco 무의미.

Sin- 자신을의 뜻입니다.
Mortigi 죽이다. Bani 목욕시키다. Doni 주다.
sinmortigi 자살하다. SinBani 목욕하다.
Sindona 헌신적인.

Sub- 아래의 뜻입니다.
Maro 바다. Meti 두다. Aĉeti 사다.
Submara 해저의, Submeti 항복하다.
Subaĉeti 매수하다.

Sur- 위에, 표면의 뜻입니다.
Meti 두다. Verŝi 쏟아붓다.

Surtera 지상의, Surmeti 입다. Surverŝi 끼얹는다.

Tra─ 통과, 거쳐서의 뜻입니다.
Iri 가다. Vidi 보다. Legi 읽다.
Trairi 통과하다. Travidi 투시하다.
Tralegi 통독하다.

Ĉirkaŭ─ 둘레의 뜻입니다.
Vidi 보다. Urbo 시.
Ĉirkaŭvidi 돌아보다. Ĉirkaŭurbo 인근도시,

【21일차】 동사의 복잡변화

- 복합시제

시제와 법		상 / 태	능동태	수동태
현재 estas		진행	-anta	-ata
과거 estis				
미래 estos		완료	-inta	-ita
가정법 estus				
명령법 estu		미연	-onta	-ota
부정법 esti				

동사에 esti가 보조어로 쓰일 때에는 시간관계가 복잡하여집니다.

한글에도 '간다' '갔다', '가겠다' 하는 때에는 그 변화가 단순하나, '가는 사람이오' '간 사람이오' '갈 사람이오' 하면 '가는'과 '이오'는 현재와 현재이며, '간'과 '이오'는 과거와 현재이며 '갈'과 '이오'는 미래와 현재가 되는 것과 같이 에스페란토도 또한 이와 같습니다.

　(1) Li estas vojaĝanta.(homo) 그 이가 여행하는 중이요. (현 + 현)

　(1) Li estas vojaĝonta.(homo) 그 이가 여행하려고 하오. (현 + 미)

　(1) Li estas vojaĝinta.(homo) 그 이가 여행을 다 하고 있소. (현 + 과)

　(2) Kiam vi venos morgaŭ, li estos skribanta leteron, (미 + 현)
당신이 내일 올 때에, 그이는 편지를 쓰면서 있겠다.

　(2) Kiam vi venos morgaŭ, li estos skribonta leteron, (미 + 미)

당신이 내일 올 때에, 그이는 편지를 쓰려고 하겠다.

(2) Kiam vi venos morgaŭ, li estos skribinta leteron. (미 + 과)

당신이 내일 올 때에, 그이는 편지를 다 쓰고 있겠다.

(3) Kiam mi venis hieraŭ, li estis skribanta leteron. (과 + 현)

어제 내가 왔을 때에, 그이가 편지를 쓰면서 있었다.

(3) Kiam mi venis hieraŭ, li estis skribonta leteron. (과 + 미)

어제 내가 왔을 때에, 그이가 편지를 쓰려고 하였다.

(3) Kiam mi venis hieraŭ, li estis skribinta leteron. (과 + 과)

어제 내가 왔을 때에, 그이가 편지를 다 쓰고 있었다.

(1) Li estas batata. 그이가 맞으면서 있소. (현 + 현)

(1) Li estas batota. 그이가 맞으려고 하오. (현 + 미)

(1) Li estas batita. 그이가 다 맞고 있소. (현 + 과)

(2) Kiam mi revenos, la domo estas konstruata. (현 + 현)

내가 돌아올 때에, 집이 건축되면서 있겠소.

(2) Kiam mi revenos, la domo estas konstruota. (현 + 미)

내가 돌아올 때에, 집이 건축되려고 하겠소.

(2) Kiam mi revenos, la domo estas konstruita.

(현 + 과)

내가 돌아올 때에, 집이 다 건축되고 있겠소.

(3) Kiam li mortis, lia domo estis konstruata.
(과 + 현)

그가 죽던 때에, 그 이의 집이 건축되면서 있었다.

(3) Kiam li mortis, lia domo estis konstruota.
(과 + 미)

그가 죽던 때에, 그 이의 집이 건축되려고 하였다.

(3) Kiam li mortis, lia domo estis konstruita.
(과 + 과)

그가 죽던 때에, 그 이의 집이 다 건축되고 있었다.

(주의) 이 동사의 복잡변화는 시간을 엄정히 할 필요가 없는 이상에는 단순변화를 써도 좋습니다.

La patro estas leganta libron.

아버지가 책을 읽으면서 있다.

= La patro legas libron.

아버지가 책을 읽는다.

Kiam li estis reveninta al la domo, lin insultis lia patro.

= Kiam li revenis al la domo, lia patro lin insultis.

그가 집에 돌아온 때에, 그의 아버지가 그를 욕했다.

Kiam mi estos fininta mian laboron, mi serĉos la libron.

= Kiam mi finos mian laboron, mi serĉos la libron. 내가 내일을 끝낼 때에, 내가 그 책을 찾겠다.

Kiam li venis, mi estis fininta mian verkaĵon.

= Kiam li venis, mi jam antaŭe finis mian verkaĵon.

= Antaŭ ol li venis, mi finis mian verkaĵon.

그가 왔을 때에, 나는 바로 전에 나의 작품을 끝냈다.

Kiam li venos, mi estos fininta mian laboron.

= kiam li venos, mi jam antaŭe finos mian laboron.

= Antaŭ ol li venos, mi finos mian laboron.

그가 오려기 전(오려기보다 전에)에, 나는 내 일을 끝 내겠다.

【22일차】 무주어 어법(Sensubjekta propozicio)

a) 기상현상

Pluvas. Neĝas. Hajlas. Fulmas.

Tondras. Tagiĝas. Matenas. Vesperas.

b) 신체적 느낌

Estas varme. Estas komforte.

c) 의미상의 주어가 부정사구나 절로 되어 있을 때

Estas bele. Estas eble. Estas necese. Estas agrable.

Estas bone paroli malmulte.

적게 말하는 것이 좋다.

Estas eble, ke li jam revenis.

그가 이미 왔다는 것이 가능하다.

Estas necese, ke vi helpu lin.

네가 그를 돕는 것이 필요하다.

d) 기타

Se plaĉas al vi, ... Ne temas pri mono, sed pri sano.

천지자연의 현상으로 동작에 주인 없는 때도 있습니다. 비가 온다든가, 눈이 내린다든가 하는 것입니다. 이것은 우리말과 같습니다.

Pluvas. 비 온다. Tondris. 우레질 하였다.

Neĝas. 눈 온다.

Terure ventegas. 무섭게 폭풍우다

Veniĝu jam mateniĝis.

깨시오, 벌써 밝았습니다.

Hodiaŭ estas iom malvarme.

오늘은 얼마큼 춥다.

En somero estas gaje. 여름에는 유쾌하다.

Kiam vi venis al mi, ankoraŭ estas mallume kaj malvarme.

그대가 내게 왔을 때는 아직도 어둡고 추웠다.

(주의) 이러한 말에는 주인이 없고 동사만 있기 때문에, mallume, malvarme의 분사가 되었습니다.

주인이 있으면 estas malluma, varma 가 되었을 것입니다. 형용사는 명사를, 부사는 동사와 형용사를 위하여 있는 것입니다.

【23일차】 동작분사의 명령과 및 가정, 또는 부정법

먼저 능동을 쓰고 다음에 수동을 씁니다.

현재명령 (estu-anta), (estu-ata) (명 + 현)

Kiam mi revenos, estu laboranta.

내가 돌아올 때에 일하면서 있으라.

Ĉiam estu amata de ĉiuj.

항상 모든 사람에게 사랑을 받으면서 있으라.

미래명령 (estu-onta), (estu-ota) (명 + 미)

Kiam li venis, estu legonta.

그가 왔을 때는 읽으려고 하라.

Ĉiam estu amota de ĉiuj.

항상 모든 사람에게 사랑 받으려고 하라.

과거명령 (estu-inta), (estu-ita) (명 + 과)

Kiam mi venos, estu fininta skribon.

내가 올 때에는 글을 다 쓰고 있으라.

Kiam li vokos, estu finita.

그가 부를 때에는 다 끝내고 있으라.

현재가정법 (estus-anta), (estus-ata) (가 + 현)

Kiam vi venas, li estus laboranta.

그대가 올 때에는 일하면서 있을 듯하다.

Ŝi estus amata de la patrino. 그 여자가 어머니에게 사랑 받으면서 있을 듯 하다.

미래가정법 (estus-onta), (estus-ota) (가 + 미)

Se li diris, vi estus faronta tion. 만일 그가 말하였더면 그것을 하려고 할 것을.

Se ŝi diris veron. ŝi estus amota. 진실을 말하였
더면, 그 여자가 사랑받으려고 할 것을.

과거가정법 (estus-inta), (estus-ita) (가＋과)
Se li estus dirinta la veron, mi ne farus
eraron.
그가 만일 진실을 말하고 있었으면 나는 잘못을 하지
않을 것을.
Se mi estus helpita, mi estus sukcesinta.
내가 만일 도움 받았으면, 나는 성공하였을 것을.
한데 능동법은 많이 쓰지 않습니다.

현재부정법 (esti-anta), (esti-ata) (부＋현)
Ĉiam esti kantanta lacigis ŝin. 항상 노래하며 있
기가 그 여자를 곤케 하였다.
Ŝi volas esti laŭdata de li. 그 여자가 그에게 칭찬
받으며 있고 싶어한다.
미래부정법 (esti-onta), (esti-ota) (부＋미)
Li ne volas esti ironta. 그는 가려고 하기를 원치
않는다.(가고 싶어 않는다.)
Li ne volas esti laŭdota.
그는 칭찬 받으려 하기를 원치 않는다.
과거부정법 (esti-inta), (esti-ita) (부＋과)
Mi volas esti dirinta la veron
나는 진실을 말한 것으로 있기를 원한다.
Esti trompita de li, mi estas malsaĝa.

그에게 속은 것이 내가 바보다.

이것도 또한 능동법을 많이 쓰지 아니합니다, 하고 주격에 미래를 쓰기는 하나, 많이 쓰지 않는 것을 한 마디 하여 둡니다.

【24일차】 문투의문

문투사라는 것은 글 전체가 의문이 되는 것이 아니고, 그 글의 한 부분이 의문되는 것입니다.

Mi dubas, ĉu li venos.

그가 올지, 나는 의심합니다.

Mi ne konas, kie vi estis.

그대가 어디 있었는지, 나는 몰랐다.

Mi volas koni, kiel li fartas.

그이가 어떻게 지내는지, 알고 싶었다.

Diru al mi, kie vi estis.

그대가 어디 있었는지, 내게 말하라.

Ĉu vi scias, kial li ne venas?

그가 어찌하여, 안 오는지 압니까?

Diru al mi, kiu li estas.

그가 누구인지, 내게 말하오.

Mi ne konas, kio ĝi estas.

그것이 무엇인지, 나는 모르오.

부정법으로 된 것도 있습니다.

Mi ne konas, kion fari.

무엇을 할지, 나는 모릅니다

Klarigu, kiel elparoli tiun ĉi vorton.

이 글자를 어떻게 발음하는지, 설명하여 주오.

Kiamaniere praktiki, estis la demando.

어떠한 모양으로, 실용할는지, 문제입니다.

Mi ne konas, ĉu esti aŭ ne esti.

살지 죽을지, 나는 모른다.

Neniu scias, kiam li revenas.
그가 언제 돌아올지, 아무도 모른다.
Ĉu vi konas, kies libro ĝi estas.
그것이 뉘 책인지 압니까?
Mi ne volas koni, kiom da mono li havas. 그이
가 돈을 얼마나 가졌는지, 알고 싶지 아니하다.

- 감탄
의문사가 감탄하는 말도 됩니다.
Kia homo li estas?
그이가 어떠한 사람입니까.
Kia homo li estas!
아, 그가 어떠한 사람인고!
Kia granda brulo! 아, 어떻게 큰 불인고!
Kia ĝoja festo! 어떻게 기쁜 축일인가!
Ha, kiel bele (ĝi estas)!
아, 어떻게 아름다운고!
Dio mia, kion vi faras!
아아, 하나님이여, 이 웬일이요!
Ve kion vi faris! 아아, 그게 무슨 일이야!
감탄사라는 것은 감정을 표시하는 것입니다. 단독으로
도 쓰고, 또는 어구 속에 넣어 쓰기도 합니다. 그러나
조금도 다른 어구에는 연계가 없는 독립한 것입니다.
1) 부를 때   He! Hej ho! Halo!
2) 쫓을 때   For! Hot! Huŝ!
3) 격려·요청

Baj... baj...! Bis! Ĉit! Ek!
Halt! Help! Ho ruk! Stop!
4) 감정표현
Ha! Ha ha! Ho! Brr! Fi! Fu!
Hm! Hura! Nu! Ve!

Adiaŭ! (고별할 때에 서로 쓰는 말) 안녕히 계시오.
Ba! 고약한 (경멸) Ho! 아, (놀라서)
Fi! 피- (증오,불만) Hura! 만세(희열,갈채)
Ha! 하,(놀람,연민,희열) Nu! 자, 어서(재촉하는 말)
He! 야,(경탄,악감,부르는 소리)
Ve! 설어라, 오오 (비탄,고통)
다른 말을 감탄사로 쓰기도 합니다.
Brave! 잘한다. For! 가아, 가거라. Ne! 아니. Bone!
좋아라. Helpu! 아이 죽겠다.
Tute ne! 결코
Certe! 분명 Jen! 이봐.
Kompreneble! 물론이지.
Tondro! 야, 이거 무어냐.
Dio mia! (나의 하나님이여) 아이구.
Kion al la diablo vi faras?
너 무얼하고 있니?

한데 서양 사람들은 놀래든가, 꾸짖든가, 맹세하던가 하는 때에는, Dio(하나님)이라든가, diablo(악마)라든가, ĉielo(하늘)이라든가 하는 말을 많이 합니다.

【25일차】 unu와 alia의 용법

Unu kun la alia 서로.

Ili konsilas unu kun la alia.

그들이 하나대 다른 이로 더불어 의논한다.

Ili amas unu la alian.

그들이 서로 (unu la alian) 사랑한다.

Metu la libron unu sur la alian.

책을 하나 위에 하나를 두시오

Mi havas multe da floroj, unuj estas nigraj kaj la aliaj estas ruĝaj.

내가 꽃을 많이 가졌다. 한 편들은 검고, 다른 한 편들은 붉은 것이다.

- 문구의 배열

에스페란토 문구의 배열은 자유롭습니다, 배열의 규칙은 조금도 제한 있는 것이 아닙니다. 문장법이 서로 다른 국민에게는 이러한 국제어가 필요할 것이며, 또는 이러하지 아니하여서는 아니될 것입니다. 문구의 배열이 자유롭게 되는 것은 다른 때문이 아니고, 목적격이 있기 때문입니다. 다만 어떻게 하든지 읽기 좋게, 음조 좋게 하면 그만입니다. 규칙이라고는 아무것도 없습니다. 문장을 이루는 것은, 주격, 설명어와 목적격 세 가지로 되는 것입니다. 그다음에는 이 세 가지를 곱게 하는 형용사라든가, 부사라든가 하는 것이 있습니다.

Knabo legas libron 하면 knabo는 주격, legas 설

명어, libron 는 목적격입니다.

글자의 배열에 참고로 몇 마디 하려는 것은

(A) 제일 자연된 배열입니다. 이것은 주격-설명어(동사)-목적격(또는 보족어)의 순서입니다.

Mi vidis vin, ŝi iras ĉerpi akvon. Leono estas forta.

(B) 특별히 힘을 주는 말을 전방에 두는 것이 보통입니다.

Jen estas pomo. 야, 여기 능금이 있다.

Pardoni mi ne povas, 용서, 나는 못해.

Mian hundon li batis.

나의 개를, 그놈이 때렸다.

La krajono kuŝas sur la tablo.

그 연필이면 의자 위에 있다 (연필이 주인)

Sur la tablo kuŝas la krajono.

탁자 위에 연필이 있다 (있는 곳만 가르친 것)

(C) 대명사(인칭대명사, 상관대명사)가 목적격이 된 때에는 뒤에 두는 것보다 앞에 두는 것이 음조가 좋아집니다.

Mi tion ne faris. 그 것을 하지 못하였다.

Mi volis lin bati. 그 녀석을 때리고 싶었다.

Mi lin ne amas. 그 놈을 내가 좋아안한다.

(D) 의문사는 첨에 두는 것이 가장 좋습니다.

Ĉu vi venos? 그가 오겠나?

Al kiu vi sendas? 누구에게 보냅니까?

Pri kia homo vi parolas

어떤 이의 이야기입니까?

Kion vi faras? 무엇을 하나?

Kiam vi revenos? 언제 돌아오겠나?

문투의문에서는 접속사의 지위에 있게 됩니다.

Mi ne volas scii, kiu li estas.

그가 누군지 알고 싶지 않다.

Ĉu vi demandis, kie mi loĝas?

내가 어디 사느냐 말씀입니까?

Ŝi estas blinda, kio okazis.

무엇이 일어났는지, 그 여자가 조금도 몰랐다.

(E) 부정사는 부정할 말 앞에 두는 것이 좋습니다.

Li ne havas monon. 그는 돈이 없어요.

Mi neniam vidis. 아직 본 적이 없습니다.

Mi ne sendis la libron.

나는 책을 보내지 않았다.

Ne mi sendis la libron.

책을 보낸 것은 내가 아닙니다.

(F) 형용사는 형용하는 말의 전후에 두는 것이 좋습니다.

Bona homo, homo bona. Jen estas floro bela, aŭ bela floro.

Io blanka estas sub la tablo.

(G) 부사는 그 관계와는 동사, 형용사의 앞에 두는 것이 좋습니다.

Hundo rapide kuras.

Kie estas la hundo tre rapide kuranta? 어디, 대

단히 빨리 달아나는 개가 있습니까?

En la nokto ni vidas belajn stelojn.

La lastan dimanĉon li veturis al Lundono.

지나간 일요일에 그가 런던으로 갔다.

Li ekstreme volas riĉiĝi.

그가 부자되기를 대단히 원한다.

Li volas ekstreme riĉiĝi.

그가 대단한 부자 되기를 원한다.

또 부사에는 다음과 같을 때도 있습니다.

(1) Li ploris maldolĉe. 어이없게도 울었다 (우는 것이 maldolĉe)

(2) Li ploris sola. 혼자서 울었다. (우는 이가 단 혼자.)

Mi kuris en la ĉambro.

방 안에서 달아났다.

Ni vivas en granda amikeco.

대단히 의좋게 산다.

Ŝi flegis lin patrine (kiel patrino)

어머니같이 간호하였다.

Ni vidis neĝe blankan birdon. (kiel neĝo) 눈 같이 흰 새를 보았다.

Feliĉo venas gute, malfeliĉo venas flue (per guto per fluo). 행복은 물방울 같이 오고, 불행은 물결 같이 온다.

Li estas malsana korpe kaj spirite. (en korpo kaj spirito)

그는 영, 육이 다 병들었다.

La amikoj promenas mano en mano.

친구들은 손을 잡고 산보한다.

Ni piediras brako ĉe brako.

팔을 서로 끼고 걸어간다.

La malamikaj ekrenkontigis vizaĝo kontraŭ vizaĝo.

원수들이 얼굴과 얼굴이 슬쩍 만났다.

(I) 동위격.

Doktoro Zamenhof, aŭtoro de Esperanto, naskiĝis en Bjelostoko urbeto en Rusa Polujo.

에스페란토 창시자, 자멘호프박사는 러시아령 폴란드의 비엘로스토크시에서 났다. (apozicio라는 것은 이런 것 입니다)

Mi havas intereson en Tagore, La mondfama poeto.

내가 세계적 시인인 타고르에게 흥미를 가졌다.

에스페란토 창안자나 자멘호프나 같은 위에 있는 때문에 동위어라고 합니다.

타고르도 그렇습니다.

Li batis la knabon kiel besto.

그가 짐승같이 소년을 때렸다.

Li batis la knabon kiel beston (li batis).

그가 짐승을 때리듯이 소년을 때렸다.

(G) 동위문

La luno leviĝis; poeto komencis kanti.

달이 올랐다. 시인이 노래하기 시작하였다.

Li legas, mi kantas kaj ŝi ridetas. Mi atendas, sed ne venas li.

Ĉu vi venos aŭ lia amiko venos?

그가 오겠는지, 또는 그의 친구가 오겠는지?

 Nek li venas, nek lia amiko venas.

그도 안 오고, 그의 친구도 안 온다.

 (J) 명사의 임무를 하는 종속문

Ke li estas saĝa, estas klara fakto.

그가 영리하다는 것은 명백한 일이다.

Estas dubinde, ĉu ŝi venas.

그 여자가 올는지는 의심스럽다.

La fakto, ke li estis mortigita, ĵetis grandan malesperon sur la amikojn.

그가 자살하였다는 사실이 친구들에게 큰 절망을 주었다.

Mi aŭdis ke li foriris en la hejmo.

그가 집에서 멀리 갔다는 것을 들었다.

암만 해도, 그 녀석이 울에 어떤 좋지 못한 계획을 하는 듯하다.

La demando estis, kiam kaj kiel ni povos eliri nerimarkite.

문제는, 우리가 언제, 어떻게, 아무도 모르게 빠져나갈 수 있을까 하는 것이었다.

 (K) 부사적으로 쓰는 때

Kiam kato promenas, la musoj festenas. 고양이 산보 가면 쥐들이 잔치를 한다.

Kie estas volo, tie estas vojo.

의지가 있는 곳에는 길이 있다.

Li prenis lin je la kolumo, tiel ke li ne povis forkuri

카라를 꽉 잡아서, 도망할 수도 없었다.

Li prenis lin je la kolumo, por ke li ne forkuru.

도망을 못하도록 카라를 꽉 잡았다.

Mi pardonos al li, se li venos al mi peti mian pardonon.

용서하여 달라고 오면은, 용서하여 주겠다.

【26일차】 시각표시에 대하여

나라마다, 서로 시간 보는 법이 다릅니다. 에스페란토에서는 아래와 같은 세 가지가 있습니다.

A

2시 10분	La dua kaj dek minutoj.
2시 반	La dua kaj duono.
2시 45분	La dua kaj tri kvaronoj.

B

2시 55분	Kvin minutoj antaŭ la tria.
3시 15분	Kvarono post la tria.
3시 40분	Dudek minutoj antaŭ la kvara.

C

2시	La dua.
2시 10분	Dek minutoj de la tria.
2시 15분	Kvarono de la tria.

(부기) C의 시간표는 두 시가 운 다음, 세시까지를 세시의 영역으로 간주하고, 세 시 십분 지난 것을 두 시 십분 이라고 한 것입니다. 이것은 쉽게 알기 어렵습니다. 하고 다른 것은 다 알기 쉬운 것입니다.

그 다음에는 철도시간표입니다. 이것이 제일 알기 쉽고, 여러 나라가 같습니다.

D

2시(2.0)	La dua (horo).
2시 15분(2.15)	La dua dekkvin.
10시 2분(10.2)	La deka du.

- 국제보조화폐법

Speso 이상적단위 (약하여 S)

Spesdeko 보조단위 (약하여 sd, 약일전)

10 spesoj.

Spesmilo 실용단위 (약하여 Sm, 약일원)

1000 spesoj

- 전치사 "je"

적절한 전치사가 없을 때 사용하며 주로 다음과 같은
경우에 사용한다.

a) 측정을 나타낼 때

Mi estas je unu jaro pli juna ol li.

La monto estas alta je 2,744 metroj.

b) 시각을 나타낼 때

Je la 9a antaŭtagmeze, li min vizitis.

Je kioma horo vi ekdormas?

c) 신체의 부분을 나타낼 때

Mi prenis lin je la mano.

d) 행위자를 나타내는 "da"와 구별하기 위해

kredo de dio. kredo je dio.

e) 기타

Li estas kripla je unu kruro.

Ŝi estas malsana je brusto.

에스페란토의 필요성에 대한 고찰

Ⅰ 국제어는 필요한가?

-지구는 좁아지고 있다-

21세기를 맞아서 지금, 인류 문명은 커다란 전환기를 맞이하고 있다. 그것은 현대사회의 변동 속도가 우리의 상상을 능가하고 있다는 점 때문이다. D. S. 헬러시이는 <미래를 향한 아홉 개의 길>에서 현대사회 변화의 가속도 현상을 다음과 같이 비유하고 있다.

「문명의 여명에서 1945년에 이르기까지 기술의 진보를 그래프로 만든다면, 그 곡선은 높이 약 10cm의 도표가 필요하다. 그러나 1945~1960년의 기술 진보를 같은 그래프로 표시하는 데는 실로 13층의 고층빌딩과 같은 높이의 도표가 필요하게 될 것이다.」

더욱 놀라운 일은 『인류 역사상의 과학자 총수의 90%에 해당하는 부분이 오늘날 살아서 활동하고 있다.』라는 것이다.

그러나 이와 같은 과학 문명의 진보에 대비하여 거의 진보를 보지 못하고 있는 것이 언어 문제이다. 여러분이 해외여행을 한다고 가정해 봅시다. 관광회사나 통역관을 통해 거리 구경이나 관광지를 보고 돌아올 것이다. 그러나 방문국 사람들과 대화를 나누는 것은 해당국 언어를 10년간 공부한 사람도 쉽지 못하다.

"내일은 파리에서 점심을 먹고, 저녁은 뉴욕에서 하자"고 하는 사람이 있으면 마치 남의 이야기일 뿐이고 자신에겐 해당이 되지 않는 일인 것처럼 느껴질 것이다. 그러나 "지난 100년의 발달이 앞으로는 10년이 못가서 이루어진다."라는 사실을 인정한다면 이런 일을 상상하는 일은 고종 때(100년 전) 부산에서 서울을 비행기로 1시간에 갈 수 있다는 사실을 상상하는 것보다는 쉬운 문제일 것이다.

Ⅱ. 세계가 좁아질수록 심각해지는 언어 문제

1. 기술적 측면

어떤 국제기구에 수 개 국어가 공용어로 쓰일 경우, 언어 구조와 사고방식의 차이로 인해 일급 번역사나 통역관들이 수많은 오해나 오역을 하고 있다. 특히 그것은 미리 준비된 원고가 아니라 동시통역이면 더욱 큰 혼동을 일으킨다. (국제협회 조사에 따르면 310개 국제회의 중 27%가 원고통역, 71.4%가 동시통역, 59%가 두 가지 동시 사용). 심지어는 어느 국가 대표가 공용어를 잘하지 못해 통역관이 "본 통역관이 정확하게 이해하였다면 …씨의 말이었습니다."라고 한 예도 있다고 한다. 특히 그것이 전문적인 내용일 경우에는 아무리 양국의 말을 잘하는 통역관도 동시통역할 수 없어진다는 것이다.

1962년 영국 국회의원 A. woodburn은 유럽 공통어의 창조를 법안으로 제출하면서 다음과 같이 영어의 어려움을 강조하였다.

「현재 사용하고 있는 영어는 40가지의 어음과

2,000가지의 철자법이 있다. 이것은 50,000자가 있고 4,000자가 상용되고 있는 중국어와 별로 차이가 없는 것이다.」

2. 사회적 측면
71년도 통계를 보면 연간 정부 간 국제회의가 530회, 민간단체 국제회의가 2,688회나 열리고 있다고 한다. 또한, 국제관계를 더 넓은 의미에서 보면 국제회의보다 훨씬 많은 공용출장이나 관광객이 서로 오가고 있다. 그러나 이와 같은 국제관계에서 공용어로 채택된 5, 6개국의 대표만이 유능하고 적격한 대표가 되며 나머지 150여 개국 대표는 공용어 중 자기가 가장 잘 이해하는 언어를 택하여야 하는 불합리한 상황이 곳곳에서 일어나고 있다.

3. 심리학적 측면
외국어를 쓰고 말하는 데 불편을 느끼지 않는 사람은 없을 것이다. 현명한 사람일수록 자기 사고의 표현을 외국어로 정확하게 표현한다는 것이 어렵고 때때로 웃지 못할 실수를 하고 있음을 느낄 것이다.
국제회의의 연설을 보면 분명해진다. 자기 나라말이 아닌 국가 대표는 긴장 속에서 준비된 원고를 빠른 속도로 읽어간다. 그리고 그와 같은 긴장 이후 자기 자리에 돌아와서는 침묵을 지키고 만다. 그러나 대체로 공용어로 채택된 나라의 대표들은 연설이 훨씬 길고 설득력이 있다.

토론회 때도 마찬가지다. 모국어가 공용어인 국가의 대표는 효과적으로 순간순간 기회를 포착하여, 토론을 자기에게 유리하게 이끌어 나간다. 이러한 국제회의에 참여한 모국어가 공용어가 아닌 수많은 대표는 그중에서 몇 명이나 언어에 대한 콤플렉스를 느끼지 않고 있을까?

4. 법률적, 정치적 측면

UN에서 6개 국어를 공용어로 사용하고 있는 것은 어떠한 국제 법에도 없는 사실이다. 이제라도 어느 국가가 갑자기 각국에 강력한 압력을 가할 만큼 국력이 신장하면 제7, 제8의 공용어가 추가될 것이다.

반면에 전기한 바와 같이 공용어 국가와 다른 국가 간의 정치적 이해득실은 너무 현격한 차이를 주고 있다. UN 헌장에 명시된 국가 간의 완전한 동등성이나 세계선언에 명시된 문화, 국민, 개인의 권리는 언어에도 적용되어야 한다, 그 길은 모든 국가가 자기 나라 말을 사용하거나 어느 한 중립적인 언어를 채택하거나 해야 할 것이다.

헤이그에 있는 국제사법재판소에서 2개의 공용어만 사용하는 것도 국제사법의 기본상식인 양 당사자의 완전 동등성에 어긋나는 것이다. 자국어가 공용어인 변호사, 당사자는 상대방보다 월등히 좋은 위치를 차지할 것이기 때문이다.

5. 경제적 측면.

UN 사무국의 번역사, 통역관이 제네바에 있을 때 221명이었던 것이 뉴욕으로 옮긴 뒤, 1968년에는 436명으로 늘었다. 당시는 중국어, 아랍어를 사용하지 않을 때였으니 4개 국어에서 6개 국어로 늘어난 오늘날은 배 이상 늘었을 것이다. 번역사, 통역관은 X=n(n-1)과 같이 급수 적으로 증가한다. 즉 2개 언어는 2명, 3개 언어는 6명, 4개 언어는 12명, 5개 언어는 20명, 6개 언어에는 30명이 되므로 현재는 적어도 1,090명이 (아랍제국은 아랍어를 사용하므로 해서 드는 3년간의 비용을 부담하기로 채택되기 전에 약속하였다.)

1968년도 436명에 대한 연간 봉급이 $ 6,700,000 (33억 5천만 원)이었으니 인플레이션을 생각지 않고도 현재는 천 6백 75억불(83억 7천 5백만 원)이 들 것이다.

1971년도 UN이 발행한 문서는 867,800가지, 773,086,990페이지로 이것을 4개 국어로만 발행하는데도 3천만 달러(천 5백억 원)가 든다.

1968년 인도 뉴우델리에서 열린 UN 무역개발 회의에 UN에서 200만 달러 이상을 투자했는데 그 절반 이상이 4개 국어 번역·통역에 쓰였다. 당시 55명의 통역관, 44명의 검열관, 132명의 번역사에게 준 봉급이 878,500$이고 292,000$가 서류발행 비용이었으니 절반을 훨씬 넘은 액수이다.

1967년 세계보건기구는 영어·불어만 쓰던 공용어에 스페인어, 러시아어 두 언어를 추가하였다. 단순히 이 두 언어의 추가로 가난한 19개 국가는 598,210$를 더 공동 부담하였다. 이 액수는 네덜란드와 아이슬란드의 1년 회비를 합친 것과 같다. 이처럼 국제기구들은 수많은 액수를 편파적인 몇몇 언어의 사용을 위해 사용하고 있으며 이 엄청난 금액은 세계의 일반 시민들이 내고 있다는 사실을 잊어서는 안 된다.

Ⅲ. 언어 문제의 해결 방안

그처럼 수많은 번역사, 통역관이 존재하고, 기계는 발전하고 또 엄청난 비용을 투자해도 언어 문제는 나날이 늘어나고 있다.

모든 수단은 고식적인 수단이고, 단지 부분적인 효과이고 , 임시방편에 불과하다. 국가 원수들 사이에도 직접 대화는 있을 수 없고, 국제회의에서 개인적 접촉은 미비하고 훌륭하고 저명한 과학자들도 낯선 환경에서는 곤란하고 웃기는 처지에 빠진다.

각계에서 오해가 속출하고. 외국을 방문하는 수천만의 사람들이 언어 장애 때문에 언어 장애인, 청각장애인이 된다. 어느 프랑스 철학자는 이와 같은 상황을 "일반적으로 국제간의 대화는 정확하게 시작한 데서 이미 끝난다."라고 풍자하고 있다.

세계 곳곳의 젊은이들이 인생의 황금기에 많은 시간을 할애하여 외국어를 배우고 있으나, 대체로 겨우 기본적인 사고를 나타낼 정도에서 끝난다. 그리고 전자 번역기도 이미 그것이 환상에 불과하다는 것이 나타나 그 계획은 포기 상태에 있다. 이 번역기는 인류 지성이 집어넣는 것 외에는 불가능하며 번역사가 할 수 있는 것 외에는 더 번역할 수 없다는 것이 명백해졌기 때문일 뿐만 아니라 이 기계의 비용이 이 기계보다 더 훌륭하게 일해 낼 번역사, 통역관의 비용보다 수백 배가 더 든다는 사실이다.

설령 이 기계가 응용된다고 하더라도 단지 가장 부유한 사회 계층이나 국가 최고 기관에서나 쓸 수 있게 될 것이다.

그렇다면 어떻게 이 문제를 해결해야 할 것인가.

그 방법은 오직 한 가지, 어느 국가에도 속하지 않는 중립적인 국제어를 도입하는 것이다. 이 문제는 오늘의 일이 아니고 이미 역사상 위대한 데카르트, 라이프니츠, 코스 민스키 등이 예견하였던 사실이다. 이와 같은 문제를 해결하기 위해 수많은 선진 사상가들이 내어놓은 국제어 안 가운데서 자멘호프(Lazaro Ludovjko Zamenhof) 박사가 1887년 7월 14일 창안 발표한 ESPERANTO만이 계속 발전되어 실용단계에 들어서 있다.

-에스페란토1(서길수) 초급교재에서 인용

국제어의 조건

1) 어느 민족어도, 국어도 아닌 중립적이고 공평한 언어이어야 한다. 만일 어느 국민의 국어를 채용한다면 그 국민에게 우월한 지위와 편의를 주게 되므로 민족어는 국제어로서 부적당하다.

2) 배우기 쉬워야 한다.
어느 국민도 또 교육의 기회가 부족한 사람들에게도 짧은 시일에 쉽게 습득할 수 있어야 한다.

3) 언어로서 기능이 완전해야 한다.
너무 간단한 기호나 철학 용어이거나, 불규칙적이거나 예외가 많은 국어와 같이 까다로움이 없으면서도 현대인의 미묘한 사상 감정을 풍부하고 유연하게 나타낼 수 있는 살아 있는 말이어야 한다.

Ludwik Łazarz Zamenhof(자멘호프)
(1859.12.15~1917.4.14.) 폴란드, 안과의사

에스페란토의 현재

1. 인류공유재산
1887년 7월 14일 자멘호프 박사가 「제1서」를 낼 때 자기 이름을 숨기고 「에스페란토 박사」란 익명으로 발표했으며 <국제어는 모든 나라의 국어와 같이 모든 사람의 공유물이며 창안자는 이에 대한 모든 권리를 포기한다>고 선언하였듯이 에스페란토는 이미 인류의 공유재산이 된 것이다.

2. 한 민족 두 언어 주의
에스페란토는 한 민족 두 언어 주의를 표방하고 있다. 모든 인류는 태어날 때부터 두 가지 말만 배우면 된다. 즉 「자기 국어」와 「에스페란토」가 그것이다. 국어를 배워 국내에서 고유한 민족문화를 살리며, 외국에 나갔을 때는 누구나 한국 사람도, 미국 사람도, 일본 사람도, 콩고 사람도, 브라질 사람도, 독일 사람도, 홀랜드 사람도, 소련 사람도 다른 나라 국어를 누르거나 자국어를 강요하지 않고 에스페란토 한 가지만 하면 된다는 것이다.

3. 국제적 에스페란토 단체
세계 에스페란토 협회(UEA) : 세계의 에스페란토 운동을 대표하는 큰 단체로서 본부를 화란의 노트르담(2019년 현재 : 네덜란드 암스테르담)에 두고, 매년 세계 에스페란토 대회를 주최하며, 또 66개국의 주요

도시에 도시 대표자(약 3,600명, delegito)를 두어 상공업, 노동환경, 일반적 문의, 전문적 조사를 맡아 처리하며 민박 제도(Pasporta Servo)를 통하여 여행자에게 편의를 제공하며 다방면에 걸쳐 봉사하고 있습니다.

과학자, 의사, 교육가, 법률가, 건축가, 작가, 음악가, 저널리스트, 시각장애인, 신체장애인, 철도원, 전신전화, 스카우트, 학생, 그리스도교 각파, 불교도 등이 각기 국제적인 전문 단체를 구성하고 있습니다.

가맹국과 비가맹국을 비롯하여 약 120개국에 개인 회원들이 있다. 유엔 산하의 비정부단체의 하나로서 1954년부터 유네스코와 영사 관계를 맺고 있기도 하다.

4. 세계 에스페란토 대회

대전 중을 제외하고는 매년 개최되어 이미 60회(2019년 현재 104회)를 넘고 있습니다. 수천 명의 에스페란토사용자가 참가하여 통역 없이 각종 회의를 통하여 의사를 교환하고, 연극·영화·인형극 등을 공연하며, 또한 자유로운 만남을 통하여 우의를 다진다. 또 대학교수에서부터 노동자나 학생, 보통 가정주부, 거기에다 다른 방에서는 이들이 데리고 온 아이들까지, 사회의 모든 계층, 모든 나이의 사람들이 모두 단 하나의 언어로 통화하며 이해하고, 손을 잡고 생각하고, 말하는 것입니다.

대회 기간에는 국제 하기대학, 국제예술제(연극, 음악), 문예, 콩쿠르 등 각 전문분과회도 개최되고 있습니다.

5. 연극

전문극단에 의한 공연이나 영화제작 외에 매년 유고슬라비아서 국제 인형극 축제가 개최되어 8개국에서 10개 이상의 전문극단이 항상 참가하고 있습니다.

6. 에스페란토 방송

14개국(미국, 이탈리아, 호주, 스위스, 스페인, 소련, 체코슬로바키아, 중국, 브라질, 프랑스, 불가리아, 폴란드, 마다가스카르, 유고슬라비아 등)의 22개 국제 라디오 방송국이 에스페란토 방송을 하고 있습니다. 중국·바티칸·폴란드·오스트리아·쿠바 등 11개국에서 단파 및 위성 방송을 통하여 매일 수차례씩 에스페란토 국제 방송을 하고 있다.

7. 학교 교육

프랑스, 영국, 폴란드, 불가리아, 이탈리아, 헝가리 등의 31국 약 700의 학교가 필수 선택 과목으로서 교육되고 가까운 일본에서도 대판 외대, 고오베 외국어대 외에도 30여 대학에서 강좌에 넣고 있습니다. 우리나라에서는 한국외대, 단국대 등에서 수업을 하고 있습니다. 과외강좌, 클럽 활동 등은 헤아릴 수 없을 정도로 많습니다.

8. 관광, 상공업

에스페란티스토들의 여행 열에 주의를 돌린 유럽 각국의 도시에서는 에스페란토 문구의 관광 안내 팸플릿을 내었고, 또 독일의 국철과 많은 항공회사, 기선회사들은 에스페란토에 의한 P.R에 힘쓰고 있습니다.

이탈리아의 자동차 회사 FIAT이나 화란의 PHILLIPS 등 큰 메이커 등은 팸플릿뿐만 아니라 에스페란토로 설명을 넣은 영화까지 제작하여 선전하고 있습니다. 견본 시장에서는 베로나, 바도부아, 리용, 마르세유, 보로니아, 바르셀로나, 부다페스트, 보스난 등이 그리고 만국박람회, 세계 박람회에서는 브뤼셀, 뉴욕, 몬트리올 등이 에스페란토를 이용했습니다. 덴마크, 스웨덴, 노르웨이, 폴란드, 중공, 오스트레일리아, 뉴질랜드의 정부는 에스페란토로 자국을 소개한 문화영화를 제작했습니다.

9. 국제 통신

에스페란토를 배워서 좋다고 생각하는 것 중의 하나는 세계 각처에 친구를 가지고 보지도 듣지도 못했던 나라들에 관해서 알 수 있게 되었다는 점입니다. 과연 우리들의 주위에는 세계 중의 정보가 범람하고 있습니다. 그러나 일상생활의 잡다한 일들을 얘기하거나 여러 가지 문제에 대해 의견을 토의하는 데서 관심이 있는 주제에 관해 일반적인 소리(말)를 들을 수 있는 것은 활자에 의한 일방통행적 정보로서는 얻을 수가 없으며 이는 오직 편지(서신)에서 얻어지는 기쁨입니다. 더욱이 에스페란토에 의한 서신은 상대방의 언어를 억누르는 것이 아니고, 대등한 입장에서 활발한 교류가 될 수 있는 것입니다.

10. 수집

당신의 취미에 따라 우표, 그림엽서, 인형, 서적류 등도 수집할 수 있습니다. 그리고 전문적인 조사를 하고 싶어 할 때는 각국의 전문가에게 부탁하여 자료를 모을 수도 있습니다.

대규모의 예로서는 일본, 대판 만국박람회 때 동구 관계의 민속자료를 수집한 것도 에스페란토 덕택이었습니다.

11. 아마추어 무선사 연맹

아마추어 무선의 분야에서도 에스페란토가 활약합니다. 하와이의 KH 6GT를 중심으로 태평양 네트가 조직되어 미국, 멕시코, 오스트레일리아 등과 교신이 되고 있습니다.

12. 해외여행

같은 여행이라도 업자들에 의한 강제 루-트를 단체로 경치나 명승지만을 보고 다니는 것과 그 지방에서 언어가 통하는 사람들을 만나, 마음으로부터의 환대를 받고, 허물없이 교환하는 것과는 대단한 차이가 있습니다. 세계의 주요 도시에는 세계 에스페란토 협회의 도시대표자가 있어 연락만 취하면 여러 가지 편의를 도모해 주고 있습니다. 그리고 「패스포트 서비스」라 하여 상호 간 여행 시 가정에서 민박할 수 있는 조직도 있습니다. 서신 왕래의 상대를 찾는 것도 좋고, 어느 때이든 목적지의 사람들의 도움으로 각 국민의 생활양식을 맛볼 수 있는 즐거운 여행 경험을 가질 수 있는 것입니다.

13. 외국어 숙달(실력향상)을 위해서도

외국어를 공부하고자 하는 분에게는 먼저 에스페란토를 배울 것을 권하고 싶습니다.

에스페란토에서는 불규칙한 변화를 외우는데 에너지의 낭비 없이 쉽게 언어 구조의 본질을 파악할 수 있으므로 이것이 다른 외국어를 배울 때도 도움이 되는 것입니다. 영국에서는 이런 실험을 한 적이 있습니다, 불어를 가르칠 때 2년간 불어를 가르치는 것과 처음 1년은 에스페란토를 가르치고 다음 1년을 불어를 가르치는 것의 결과는 뒤의 방법이 불어도 더 잘하게 되었습니다. 또 학창시절에 영어로 고생하던 사람도 에스페란토를 배운 뒤, 두드러지게 영어 실력이 향상되어 자신도 놀랐다는 실례도 많습니다.

14. 문학 작품에는

세계 각국의 문학 작품의 번역, 에스페란토에 의한 창작시나 소설, 희곡, 수필 등은 많은 양에 이릅니다. 특히 북유럽·동유럽 등의 소국 문학이 비교적 많이 번역되어 원작에 가까운 형태를 맛볼 수 있다는 것은 대단한 강점입니다. 현재 예를 들어 영국 에스페란토 협회에서는 33,000권의 장서하고 있는바 잘 알려진 작품 중 일부를 소개하면

그리스 : 아메네이스, 오이디푸스 왕, 일리아드, 오디

세이, 이솝우화

덴마크 : 안데르센동화

독일 : 파우스트, 젊은 베르테르의 슬픔, 군도, 하이네 시집, 서부전선 이상없다, 그림동화집, 헤르멘과 도르테아

동유럽 : 쿼바디스, 마르타, 병사 슈베이크의 모험

미국 : 포우단편집, 석유, 바위얼굴

북유럽 : 페르컨트, 유령, 이에스트·베루링, 곤디기호 탐험기

소련 : 오네―긴, 검찰관, 아버지와 아들, 산문집, 마야코후스키 시집, 투르게네프 선집

스페인 : 돈키호테

아랍 : 아랍우화, 아라비안나이트

인도 : 배고픈 돌(타골)

일본 : 일본서기, 만엽집, 설국, 춘금사

중국 : 노신단편집

이탈리아 : 신곡, 쿠오레, 피노키오

영국 : 햄릿, 멕베드, 리어왕, 오셀로, 안토니오와 클레오파트라, 베니스의 상인, 한여름 밤의 꿈, 로미오와 줄리엣, 템페스트, 바라바, 타임머신, 살로메, 로빈슨 쿠르소, 제인 에어, 지킬 박사와 하이드, 크리스마스·캐럴, 걸리버 여행기

프랑스 : 로랑의 노래, 돈·환, 노르망디 단편집(모파상), 콜롬바, 어린왕자, 구토, 마농레스꼬, 세빌리아의 이발사, 카르멘,

문학 선집은 일본, 베트남, 중국, 영국, 덴마크, 벨기

에, 스위스, 스웨덴, 포르투갈, 체코슬로바키아, 헝가리, 폴란드, 브라질, 한국 등의 것이 번역되었고, 원작 문학 선집도 있습니다.

종교사상 면에서는 성서, 코란, 대학, 반야심경, 공산당선언, 국가와 혁명, 모택동 선집 등이 있고 과학 기술 관계의 서적도 많이 나와 있습니다.

저작물의 발간도 활발하여 현재 월간잡지 『Monato (모나토)』와 격주간지 『Heroldo(헤롤도)』, 『Eventoj (에벤토이)』, UEA의 기관지인 『ESPERANTO(에스페란토)』 등 100종류 이상의 잡지와 신문이 정기적으로 발행되고 있으며, 인터넷으로도 이용할 수 있다.

15. UNESCO와 ESPERANTO

인종적 편견을 제거, 기본적 인권의식을 높여 국제 이해와 국제협력을 증진하고 세계 평화를 달성하려고 하는 유네스코의 정신은 에스페란토와 상통하는 것이다. 1954년의 몬테비데오 유네스코 총회에서 「에스페란토가 국제 분야에서 남긴 뚜렷한 성과에 대해 주목함과 동시에 그것이 유네스코의 목적과 이상에 일치함을 인정하며 세계 에스페란토 협회와 협력한다.」라고 결의되어 그 후부터 계속 협력 관계가 이어지고 있다.

2시간의 학습으로 쓰지는 못하지만, 자유롭게 읽을 수 있는 에스페란토 학습과 보급이 하나님의 나라를 세우는 데 도움을 주는 기독교적 사업임이 틀림없다
- 톨스토이 -

에스페란토 운동이 왜 평화운동인가?

[이 글은 1911년 7월 26일부터 29일까지 런던에서 열린 "인종학술회의 - La Kongreso de Rasoj -"의 연설을 위해 자멘호프 박사가 쓴 보고 논문이다.]

존경하는 신사 여러분!

여러분이 참석하고 있는 이 회의의 명칭이 「인종학술회의」임에도 불구하고 종족에 대해서도 말씀드리게 된 점을 우선 양해해 주시기 바랍니다. 제가 여기서 인종 문제와 종족문제를 함께 다루게 된 것은 이 두 가지가 모두 크기의 차이는 있을망정 인류를 나눈 인종학적 분류란 점은 같기 때문입니다. 종족 간에도 인종 문제에서와 마찬가지로 다소 큰 단위에서만 같은 관계가 유지되며, 그러한 인간집단이 인종인지 종족인지를 확실하게 구분한다는 것이 어려울 때도 많습니다.

여러 인종과 종족들이 서로 싸운다는 것은 인류에게 있어서 최대의 불행입니다. 만일 이 인종학술회의가 종족 간의 미움과 싸움을 없앤다거나 최소한 약화할 수 있는 어떤 방안을 찾아낼 수 있다면 지금까지 열렸던 어떠한 회의보다 가장 의의 있는 회의가 될 것입니다. 그러나 이 회의가 그러한 방안을 찾아내기 위해서는 연기처럼 자취 없이 사라져 버릴 이론적 추론에 만족해서는 안 될 것이며, 한 곳을 꿰매면 다른 한 곳이 터지는 헛된 타협안을 찾아서도 안 될 것입니다. 무엇보다 먼저 현존하는 악(惡)의 근본 원인을 연구, 발견하고 그 원인을 없애거나 최소한 줄일 방안을 찾아야 할 것입니다.

그렇다면 종족 간의 미움을 만들어 내는 주된, 아니면 유일할지도 모르는 원인은 무엇이겠습니까?

정치적 환경, 즉 우리가 국가라고 부르는 인간집단들의 경쟁이 그 원인이라고 할 수 있겠습니까? 그렇지 않습니다. 독일에서 온 사람이나 오스트리아에서 온 사람이나, 같은 독일계 사람들끼리는 어떤 본질적 미움을 느끼지 않으며, 여러 나라에서 태어나 각기 그 나라에서 사는 사람들이라고 하더라도 같은 독일계 사람들끼리는 서로 공감하고 있습니다. 반면에 같은 나라에서 태어나 한 나라에서 살고 있다고 하더라도 독일인과 슬라브인들은 서로 이방인처럼 쳐다보게 되며 - 그들의 인간성이 집단적 이기주의를 누르지 못하면 - 서로 미워하고 싸우게 된다는 것을 우리는 잘 알고 있습니다. 따라서 종족 간의 미움을 만드는 것이 국가라고 할 수 없습니다.

경제적 경쟁이 그 원인이라고 할 수 있겠습니까? 실제로 우리는 "큰일 났다! 어떤 종족이 우리를 경제적으로 집어 삼키려 한다. 그 종족을 미워하고, 기를 꺾고, 맞아 싸우자!"라는 외침을 자주 듣습니다. 그러나 맹목적 애국심(Ŝovinismo)에 빠지지 않은 사람이라면 누구나 그러한 외침이 무의미한 것임을 알 것이며, 우리가 다른 종족을 미워하는 것은 상대편이 우리를 경제적으로 집어삼킬 것이라는 두려움 때문이 아니라 오히려 우리가 상대편을 미워하고 있다는 바로, 그 사실 때문이라는 것을 쉽게 알게 될 것입니다. 만일 경제적 두려움이 진짜 미움의 원인이라면 각국의 모든 도시와 지방에서도 똑같이 서로 미워하고 싸워야 할 것입니다. 수백만의 러시아 빈민들이 수백만의 중국 빈민들을 미워하지만, 자신들을 억누르는 러시아의 압제자들을 외국인들로부터 지키기 위해 그처럼 기꺼이 피를 흘리는 이유가 정말 경제적 경쟁 때문이란 말입니까? 물론 그렇지 않습니다. 왜냐하면, 자기 동족의 '주먹'이 자기들에게 저지른 죄악보다 더 큰 죄악을 자기가 죽이고 있는 중국 군인들은 절대로 저지르지 않을 것이라는 사실을 러시아 군인들도 잘 알고 있기 때문입니다. 따라서 경제적 이유로 종족 간의 미움이 발생한다고 할 수는 없습니다.

  서로 간의 거리, 지리나 기후 또는 여타 환경의 차이라고 할 수 있겠습니까?
  거리나 지역적인 기후·환경의 차이는 인간의 외모나 성격에 약간의 차이를 만들 수는 있지만, 그것이 바로 종족을 만들거나 종족 간의 미움을 만들어 내는 것은 아닙니다. 페테르부르크(레닌그라드의 옛 이름)와 오데싸(흑해 연안의 소련 항구 도시, 현 우크라이나의 도시) 사람들이나 키에브(소련령 우크라이나의 수도)와 크라스노쟈르스크(몽고 위 쪽 소련의 도시) 사람들이 갖는 지리적, 지역적 특성의 차이는 베를린과 바르샤바 사람들보다 비교할 수 없을 만큼 큽니다. 그러나 전자의 시민들 사이에는 충분한 동족애와 형제애가 유지되는 반면 베를린과 바르샤바 사람들 사이에는 언제나 커다란 상호 이질감과 광신적인 종족 간의 미움이 팽배합니다. 따라서 종족 간의 미움을 만들어 내는 원인이 지리적, 기후적 환경의 차이라고 할 수 없습니다.

각기 다른 인종이나 종족들이 서로 다른 신체적 특성을 가졌다는 것이 그 원인이 되겠습니까? 그렇지 않습니다. 모든 종족은 자신들끼리도 피부 색상이 다르고, 키나 체형 또는 특별한 부분이 아주 다른 여러 사람이 함께 섞여 있습니다. 같은 종족인 두 사람이 서로 다른 종족들, 즉 보통의 프랑스 사람과 보통의 일본 사람을 비교할 때보다 훨씬 더 큰 신체적 차이를 보여주는 경우도 많습니다. 그러나 어느 한 민족의 구성원을 그러한 신체적 형태에 따라 여러 집단으로 나누어 보려는 사람은 없을 것이며, 그러한 집단이 서로 미워하고 싸우는 것을 상상하는 사람도 없습니다. 이제 우리 대부분은 다른 종족과 우리의 신체적 차이는 전혀 개의치 않으며 거의 분간할 수도 없게 되었습니다. 오히려 그러한 차이는 생리적으로 종족의 혼혈을 장려하는 무의식적인 자연법칙 때문에 우리 자신이 직접 유혹하기까지 합니다.

다만 한 인종에 대해서만은 본질적인 혐오감을 가지고 있으며 앞으로도 계속 갖게 될 것으로 생각하는 사람이 많을 것 같습니다. 그 인종은 흑인종입니다. 그러나 좀 더 주의 깊게 관찰하면 그 혐오감의 원인이란 전혀 다른 데 있다는 것을 쉽게 알 수 있습니다. 얼마 전까지만 해도 우리 백인과 마주치는 흑인들은 미개인이었고 오래전에는 노예들이었으며, 아직도 흑인 대부분은 오래된 미개인과 노예의 특질과 인과응보를 간직하고 있습니다. 바로 이 때문에 흑인들은 오래전에 개화되고 자유인이 된 우리를 순전히 본능적으로 거절하고 있는 것입니다. (우리에게 인종적 혐오감처럼 보이는) 흑인에 대한 백인들의 감정은 사실상 대대로 내려온 귀족이 거친 시골 사람들의 비이성적이고 품위 없는 행동에서 느끼는 불쾌감과 똑같은 것입니다. 그러나 머지않아 과거에 가졌던 미개인과 노예의 모습이 흑인들로부터 사라지고 권위 있는 문화 수준에 도달해 그들 가운데서 위대한 인물들이 나오게 되면 틀림없이 오늘날의 질시와 혐오감은 존경심으로 뒤바뀌게 될 것이며, 더는 그들의 검은 피부와 두꺼운 입술은 우리를 거절하지 않을 것입니다. 우리는 모두 자기 민족 자체 안에서 훨씬 싫어하는 신체적 조건을 갖는 사람이 많이 볼 수 있습니다. 만일 그러한 신체적 조건이 불쾌하다면 우리는 그들을 회피할 것입니다. 그러나 그러한 신체적 모습 때문에 그들을 미워하거나 박해하고 있습니까? 그렇지 않습니다. 신체적 모습의 차이가 종족 간 미움의 원인이 될 수 없습니다.

각 종족의 정신적 차이가 그 원인이라고 할 수 있겠습니까? 아닙니다. 모든 종족의 뇌와 심장은 본질에서 똑같습니다. 우리가 자주 보는 정신적 차이는 종족 때문이 아니라 순전히 개인적이거나 단지 그 개인이나 종족이 사는 주위환경 때문에 생기는 것입니다. 아프리카 대륙에서 사는 사람의 정신과 유럽 사람의 정신 사이에 엄청난 차이가 있다면 그것은 종족의 특성에서 온 것이 아니라 문명이나 정치적 상황 때문에 생긴 것입니다. 아프리카 사람들에게 억압이나 미움 대신 높은 인간의 문명을 주어 보십시오. 그렇게 되면 그들의 정신은 우리들의 정신과 조금도 다를 바 없을 것입니다. 만일 우리가 가진 문명을 모두 **빼앗아** 버린다면 우리들의 정신도 아프리카 식인종들의 정신과 조금도 다를 바 없을 것입니다. 따라서 우리가 여기서 볼 수 있는 것은 종족 간의 정신적 차이가 아니라 같은 종족 안에서도 계급이나 역사적 단계에 따라 다소 큰 차이를 보이는 교양의 차이 때문이라는 사실입니다.

갖가지 정신이 어떤 종족만이 갖는 특수한 것이 아니라는 것은 여러 가지로 증명할 수 있습니다. 똑같은 방법으로 교육을 받은 모든 유럽의 종족들은 똑같은 정신을 소유하게 됩니다. 좀 더 좋은 예로서 개화된 고대 이집트 사람과 개화된 오늘날의 일본 사람, 그리고 개화된 유럽 사람을 비교해 보면 알 수 있습니다.

이 셋은 서로 다른 종족일 뿐 아니라 전혀 다른 인

종, 전혀 다른 대륙에 속해 있습니다. 하지만 - 시간적, 공간적, 종교적 환경을 별도로 했을 경우 - 그 아프리카 사람, 아시아사람, 유럽 사람의 정신은 똑같지 않을까요? 50년 전에는 일본 사람과 유럽 사람 사이에 엄청난 차이가 존재하였다고 하지만 그때에도 전혀 종족인 일본인 과학자의 정신과 유럽 과학자의 정신은 똑같지 않았을까요?

만일 한 인간집단이 다른 집단에 비교해 약간 다른 성격일 것 같다는 것은 어떤 특정 종족의 정신 때문이 아니라 그 집단이 사는 특수한 주위환경 때문입니다. 속박 속에서 교육을 받은 집단은 자유 속에서 교육을 받은 집단처럼 용감하고 자유스러운 태도를 보일 수 없습니다. 무엇인가를 배울 수 없었던 집단은 많이 배운 집단처럼 넓고 숭고한 식견을 가질 수 없습니다. 상업을 통해서만 돈을 버는 집단은 항상 땅과 자연 속에서 사는 집단과 같은 품성을 가질 수 없습니다. 집단생활의 주변 환경을 바꾸어 보십시오. 그러면 (역사를 통해서 이미 자주 보았듯이) 훗날 ㄱ집단은 ㄴ집단의 품성을 갖게 될 것이며, ㄴ집단은 ㄱ집단의 품성을 갖게 될 것입니다. 따라서 천성적인 정신의 차이가 한 종족이나 종족 간의 미움을 만들어 내는 것은 아닙니다.

각 종족의 기원이 다르다는 것이 그 원인이 되겠습니까? 사실 얼핏 보기에는 각 종족의 기원이 다르다는 사실이 종족 간의 미움에 대한 가장 주요한 원인처럼 보입니다. 우리는 모두 '자기 혈통'을 사랑하고 타인보다는 자기 형제나 가족을 더 사랑합니다. 내적으로는 끌어당기고 외적으로는 밀어내는 가족분산이란 그 기원의 측면에서 볼 때 좀 더 큰 규모의 가족에 불과한 종족과 인종의 전형적인 상호관계를 보여주는 것입니다.

그러나 같은 종족에 속한 사람들이 서로 '같은 혈족'이라던가 '형제'라고 부른다고 해도, 종족 간의 관계에서 가족과 종족의 유사성이나 기원의 중요성이란 표면적인 것일 뿐이라는 것을 대단히 쉽게 증명할 수 있습니다. 같은 가족들은 같은 부모나 같은 할아버지로부터 태어났다는 것을 압니다. 같은 종족들은 수백 수천 년 전 같은 선조로부터 태어났다는 것을 유추하여 믿습니다. 그러나 그러한 믿음은 단지 언어나 종교의 동질성에 기초를 둔 가설이거나 또는 대부분은 틀린 가설에 지나지 않습니다. 끊임없이 각 민족은 뒤섞여 왔기 때문에 아무도(대대로 내려오는 몇몇 계급, 즉 인도의 카스트나 히브리의 사제나 레위족을 제외하고는) 그들의 선조가 어느 종족에서 왔는지 알 수 없습니다. 지구상에 사는 모든 사람은 그들의 선조가 먼 옛날 같은 한 종족에서 나왔다는 사실을 증명할 수 없으며, 반면에 (종교적으로 폐쇄적인 계급을 제외하고) 자기의 기원을 알고 있는 사람들 가운데 대부분은 자기들의 선조가 지금 자기가 속해 있는 종족이 아니라는 것을 확실히 알고 있습니다. 그렇지만 누가 유명한 러시아의 작가 카람진(Karamzin), 푸시킨(Puŝikin), 레르몬토프(Lermontov)가 그들의 선조가 비러시아인이라고 해서 순수한 러시아인이 아니라고 할 수 있겠습니까?

기원이나 이어받은 피에 대한 모든 이야기는 실제 전혀 다른 바탕을 갖는 우리들의 감정을 합리화시키기 위한 빈말이요 구실일 뿐입니다. 우리가 어떤 사람에게 종족적 미움을 느낀다면 그것은 우리가 추측해 낸 그들의 선조 때문이 아니고 그들의 말과 종교가 우리에겐 전혀 낯설다는 사실 때문입니다. 만일 어떤 사람의 부모와 가족이 쓰는 말이 러시아어이고, 종교가 러시아종교 (희랍정교)라면 (그 기원이 어떻고 어디서 살고 어떤 신체적 외모를 가졌다고 하더라도) 자기 자신과 주위의 모든 사람은 러시아인이라고 할 것입니다. 어떤 사람이 그 사람의 선조가 분명히 순수한 러시아인이라는 것을 안다고 할지라도 러시아어를 사용하지 않거나 러시아종교를 믿지 않는 경우 자신이나 다른 사람들 모두가 러시아인이라고 부르지 않을 것입니다. 물론 어떤 사람이 어떤 민족의 언어나 종교권에서 태어나지 않고 뒤에 가서 그 언어와 종교를 받아들였다고 할지라도 그의 종족적 감정과 다른 사람과의 관계가 단번에 바뀔 수는 없습니다. 그러나 그의 자손은 이제 충분히 그리고 영원히 그 종족에 동화될 것입니다.

물론 다른 언어나 종교를 새로 받아들인 사람이 사는 곳이 (지리학적으로나 인종학적으로) 멀리 떨어져 있을수록 동화과정은 늦어질 것입니다. 그러나 그것은 시간의 문제이지 반드시 동화될 것입니다.

예를 들어 중앙아프리카에 (엊그제의 일이 아니라 이미 100년 전부터 학식 있는 사람들만이 아닌, 전 국민이) 엉터리가 아닌 완전히 순수한 프랑스어를 하고 대다수 본국 프랑스인들과 같은 종교와 풍속을 가진 민족이 살고 있다고 할 때 프랑스의 민족주의자나 극단적인 애국자들이 그들을 참된 프랑스인이 아니라고 할까요? 지리적으로나 인종학적으로 까다로울수록 동화과정은 훨씬 빨리 진행됩니다. 예를 들어 어느 날 모든 헝가리 사람이 쓰는 말을 영원히 잊어버리고 독일 사람들이 쓰는 말만 하기로 했다고 합시다. 그런 경우 삼·사십년 뒤 이 두 종족 사이에 어떤 차이나 종족적 미움이 존재할 수 있겠습니까? 그렇지 않습니다. 그들은 영원히 한 종족이 될 것이기 때문입니다. 어느 날 모든 히브리 사람들이 히브리 종교를 영원히 버리고 그들을 둘러싼 주위 민족들의 종교를 받아들이기로 했다고 합시다. 그런 경우 삼·사십년 뒤 히브리인과 비 히브리인 간의 어떤 차이가 있겠으며, 히브리 문제나 유대인 배척주의(antisemitismo) 또는 유대인 호의주의(filosemitismo)가 존재하겠습니까? 절대 그렇지 않을 것입니다. 왜냐하면, 그러한 개종 때문에 소위 말하는 모든 히브리 인종은 사라질 것이기 때문입니다. 따라서 각 종족 기원의 차이는 종족 간 미움을 만드는 원인이 아니라 단지 구실일 뿐입니다.

그렇다면 종족 간의 분열과 미움을 만드는 진짜 이유는 무엇이겠습니까? 인종적 특성, 기후, 물려받은 핏줄 등에 관한 여러 가지 유사 과학적 이론이 있지만, 앞에서 말씀드린 여러 가지 이유 가운데 종족과 종족을 가로막는 진짜 벽은 언어와 종교입니다.

특히 언어란 어떤 말에서는 '언어'와 '종족'이 완전히 동의어로 쓰일 정도로 종족 간의 이질화에 크게, 거의 독보적인 역할을 합니다. 어떤 두 사람이 서로를 무시하지 않고 동등한 위치에서 똑같은 언어로 이야기한다면 서로를 이해하게 될 것이며, 그 외에도 같은 문학(말과 글자로 된), 같은 교육, 같은 이상, 같은 인간적 존엄성과 권리를 같게 할 것입니다.

그 외에도 그 두 사람이 같은 '신'을 믿는다면 같은 축제, 같은 습속, 같은 전통, 같은 생활방식을 갖게 될 것입니다. 이렇게 되면 그 두 사람은 서로 형제처럼 느끼게 될 것이며 같은 종족에 속한다는 것을 느끼게 될 것입니다. 만일 서로 이해하지 못하고, 서로 다른 풍습과 생활방식을 갖는다면 그들은 서로 이방인을 피하듯 할 것이며, 언어 장애인이나 미개인들처럼 서로 피하고, 또 어둠 속에 숨겨진 것은 모두 본능적으로 불신하듯, 서로를 불신하게 될 것입니다.

사실 우리 가운데 많은 사람에게는 상호이해가 가능하며, 바로 이점 때문에 이런 면에 교양이 아주 높은 계층에서는 종족 간의 장벽이 그다지 두껍지 않습니다. 우리 가운데 많은 사람이 다른 종교의 본질을 알고 또 옳게 평가하고 있습니다. 그리고 바로 이 점 때문에 진실로 생각하는 사람들에게는 종교가 다르다는 사실 때문에 다른 민족을 미워하는 일이 절대로 없습니다. 그러나 상호이해라는 것은 두 사람을 실제로 결합하기 위해 두 사람 모두 동등한 권리가 있다는 것을 느낄 수 있어야 합니다. 종교가 두 사람 사이에 장벽이 되지 않기 위해서는 두 사람이 서로 내적 믿음(지성인들의 이 믿음은 개인적인 일이지 종족 때문에 생긴 것은 아니다)의 교리에 대하여 아량을 베풀어야 하며 여러 가지 외적 종교 생활이 그들을 갈라놓아서는 안 될 것입니다.

앞에서 검토해 본 것을 종합해 보면 다음과 같은 원칙적인 결론에 도달하게 됩니다.

종족 간의 분열과 미움은 모든 인류가 하나의 언어와 하나의 종교를 가졌을 때만 완전히 사라질 것이다.
그렇게 되면 모든 인류가 실제로 단일 종족이 될 것이기 때문입니다. 그렇다고 각 나라와 종족의 내부에 살아 있는 불화, 즉 정치적, 당파적, 경제적, 계급적 불화들이 완전히 끝난다는 것은 아닙니다. 다만 이 모든 불화 가운데서도 가장 무시무시한 종족 간의 불화는 말끔히 사라지게 될 것입니다.

따라서 원칙적으로는 인류를 사랑하는 모든 사람이 전 인류가 하나의 언어와 하나의 종교를 갖는 방향으로 나아가야 합니다. 그러나 실제로 꼭 그렇게 할 필요가 있는 것인가? 그렇지는 않습니다. 지금까지 인류를 불행하게 한 것은 종족들이 존재한다는 사실 그 자체보다도 도저히 피할 수 없었던 상호간섭 때문이었습니다. 내가 다른 종족과 접촉하려 할 때는 반드시 상대방에게 내가 쓰는 언어나 풍습을 강요하게 되며, 상대방 또한 상대방의 언어나 풍습을 나에게 강요하는 것은 필연적인 일입니다.

그러나 종족 간의 미움은 이러한 슬픈 강요의 불가피성이 없어질 때만 사라질 수 있을 것입니다.
한 나라의 평화를 위해서 각 가족이 가지고 있는 풍습이나 전통과 함께 없어져야 할 필요는 없습니다. 다만 자기 민족만이 가지고 있는 특수성을 다른 가족에게 강요하지 않고, 가족 밖의 일에 대해서는 모두 법과 국가의 중립적 풍습이 있어 그것을 따르면 되는 것입니다. 이와 마찬가지로 인류평화를 위해서도 각 종족이 없어져야 할 필요는 없습니다. 다만 자기 종족의 외적 무기를 없애고 자기 종족의 특수성을 서로 강요하지 않을 수 있는 생활방식을 찾아내야 합니다. 그렇다면 인류가 취해야 할 생활방식이란 무엇일까요?

자기 언어와 종교집단 안에서는 자기 종족의 언어와 종교를 간직하면서 모든 다른 종족과의 관계에서는 중립적 인간의 언어를 사용하고 중립적 인간의 윤리, 풍속 그리고 생활방식에 따라 사는 것입니다.

종교문제에 관해서 어떻게 그 목표에 도달할 수 있는지는 여기서 이야기하지 않겠습니다. 왜냐하면, 첫째, 종교문제는 본인의 연구논문의 주제가 아니고, 아주 특수하고 광범위한 언급이 필요하기 때문이며, 둘째, 종교란 본질에서 종족적인 것이 아니고 인간의 의지에 달린 것이며 인간 문명이 한 부분을 나타낸 것이기 때문입니다. 그 때문에 여러 민족의 종교적 통일은 이미 오래전부터 자체 내에서 시작되었습니다. 다만 아주 지엽적인 주위환경들이 그러한 종교적 통일을 방해하고 있지만 머지않아 사라질 것입니다. 즉 각국에서 어떤 한 두 종교가 갖는 특권이 없어지므로 해서 누구나 고통받는 동족을 배반하지 않고도 태어날 때부터 가졌던 종교를 바꿀 수 있을 때나, 누구나 자기 양심에 비추어 거짓 없이 받아들일 수 있는 교리를 가진 종교가 존재하게 되면 전 인류는 아주 빠른 속도로 같은 종교 생활을 유지할 겁니다.

그 이외에도 종교통합이란 언어통합과 밀접한 연관이 있습니다. 사람들이 중립적인 언어의 기초위에서 의사소통하면 할수록 동등하고 비 민족적인 언어로 문학과 사상과 이상을 통일하면 할수록, 종교에서도 더

욱 빨리 동화가 이루어질 것입니다. 따라서 인류의 통합이나 종족 간 미움의 소멸과 같은 문제들은 모두 한 가지 문제로 귀착되게 되는 것입니다. 이 때문에 종족과 인종 간의 우정과 정의라는 문제를 고찰하기 위해 이 자리에 모이신 여러분에게 바로 이 문제에 대하여 깊은 관심을 두시길 바랍니다. 그 일이란,

종족 간에 일어나는 모든 접촉에서는 누구나 쉽게 배울 수 있고 모든 사람에게 공동의 것인 중립적인 언어를 사용하는 것입니다.

우리가 쓰는 말로써 이야기하는 것을 원치 않는 모든 사람에게 중립 어를 써서 이야기합시다. 그렇게 되면 종족 간의 미움과 멸시는 사라질 것입니다. 자기 적국이나 거대한 이웃 나라의 언어로 된 문화를 굴욕적으로 받아들이려 하지 않는 모든 종족은 굴욕감을 주지 않는 중립어로 그 문화를 받아들일 수 있어야 합니다. 그렇게 되면 머지않아 비문화 종족은 더 존재할 수 없을 것입니다.

그러한 중립 어의 존재는 가능하겠습니까? 가능합니다. 이미 오래전부터 존재하고 있고, 훌륭하게 활동하고 있으며, 엄청나게 많은 사용자와 풍부하고 강력하게 성장하는 문학을 갖고 있기 때문입니다. 그 중립어는 물질적으로나 정신적으로나 누구의 것도 아니며 그 말을 사용하는 모든 사람이 완전히 자유롭고 평등

한 주인입니다. 다만 사용자들에게 특별히 야심을 가진 사람들이 그 언어를 깨트리거나 모두의 동의가 없이는 변화시킬 수 없도록 요구할 뿐입니다. 이 중립어는 이미 존재하고 잘 활동하고 있을 뿐 아니라 앞에서 말씀드린 역할, 즉 인간들을 형제로 만들고 종족 간의 모든 미움의 벽을 깨뜨리는 역할을 완전하게 해내고 있습니다.

이 언어가 모든 인종에게 얼마나 평등하게 얼마나 훌륭하게 쓰이고 있는가를 알고 싶은 분은 몇 년간 철도가 훌륭하게 이용된 후에야 그 철도의 가능성에 대한 위대한 논문을 쓰는 그런 학자처럼 행동하지는 마십시오. 이론적 토론만 계속하거나 인종적 특수성에 대한 거짓 학문의 빈말만 늘어놓지 말고 에스페란티스토들이 매년 열고 있는 여러 가지 국제대회를 하나 골라서 가 보십시오. 거기에서 종족 간의 완전한 화합을 볼 것이며, 중립적이고 그 누구도 멸시하지 않는 기초위에 선 상호관계가 얼마나 철저하게 종족 간의 모든 장벽과 이질감을 없애버리고 잊게 하는지 두 눈으로 직접 보고 두 귀로 직접 들으실 것입니다. 거기 가서 보면 종족 간의 궁극적인 평화를 이룩하기 위해 인류에게 필요한 것이 무엇인가를 알게 될 것입니다.

이제 인류에게 필요한 것을 더 찾을 필요는 없으며, 굉장한 어려움과 불확실한 결과를 가지고 새로 창조할 필요도 없습니다. 왜냐하면, 이미 확실하고 손에 잡을 수 있는 사실로 존재하고 있기 때문입니다. 이제는 이미 존재한 중립 어를 돕는 일만 남았습니다.

아무리 절충된 완화수단이나 기민한 정치조약이라 할지라도 인류에게 평화를 가져다주지 못합니다. 그러나 지구상에 에스페란토주의(esperantismo)가 강해지면 강해질수록, 여러 종족들이 중립적 기초위에서 자주 모임을 갖고 관계를 가지면 가질수록 더 많이 이해하고 사랑하는 습관을 갖게 될 것이며, 그들 모두가 같은 마음, 같은 정신, 같은 이상, 같은 고통과 아픔을 가졌고 종족간의 미움이란 모두 야만시대의 유물일 뿐이라는 것을 더욱 강렬하게 느낄 것입니다. 그러한 중립적 기반에서, 오로지 그 기반에서만이 모든 종족, 모든 시대의 예언가들이 꿈꾸던 미래의 통일된 그야말로 인간적인 인류가 조금씩 자라나게 될 것입니다.

인종학술회의에 참석하신 회원 여러분께서 하시는 일에 대한 현실적인 결실을 갖고자 하신다면 여러분들은 무엇을 해야 하는 것인지 아시리라 믿습니다.

전대봉 님의 인터넷 블로그에서
https://m.cafe.daum.net/ds2dek/eoMe/2

에스페란토의 장점

에스페란토의 장점은 첫째, 특정 지배국가의 언어가 아니라는 점, 그래서 민족과 민족이, 국가와 국가가 만나는 것이 아니라 민중과 민중이 만나서 사용할 수 있는 언어라는 것이다.

둘째, 매우 훌륭한 매개어 역할을 한다는 것이다.

각 국가가 모두 자국의 언어를 공식회의에서 고집하고 있어 통역이나 번역에 드는 비용이 매우 부담스럽고, 번거롭다는 것이다.

셋째는 감성적 언어라는 것이다.

인공어이기 때문에 생길 수도 있는 감정표현의 한계점이 거의 없고 오히려 언어를 달리하는 사람들 사이에서는 자신의 감정과 느낌을 더욱더 정확하고 풍성하게 전달할 수 있다는 것이다.

마지막으로 다른 언어에 비교해 배우기가 쉬운 점이다. 에스페란토는 1887년 자멘호프라는 한 사람에 의해 만들어진 인공어이므로, 자연어에서 흔히 생기는 불규칙 변화나 관용구, 복잡한 문법이나 문장구조가 없다. 철저히 계획된 규칙과 질서에 의해 만들어진 언어이므로 매우 배우기가 쉽다.

에스페란토의 기초

　자멘호프는　　1905년　　『에스페란토의　　기초 (Fundamento de Esperanto)』를 발간하여 언어의 기본 구조를 체계적으로 정리하고 많은 예문과 문학 작품을 수록하여 사용자들의 모범이 되도록 하였다.

　국제어가 곱고 규칙적으로 발전하고 충분히 명확할 수 있기 위하여, 나아가 국제어가 절대로 와해하지 않 고 미래의 국제어 지지자들의 사소한 행위로 인하여 과거의 국제어 지지자들의 업적이 훼손되지 않게 하려 면, 다른 모든 것 이전에 오직 하나의 조건이 있는데, 이는 명확하게 정의되고, 영구히 건드릴 수 없고, 절 대 불변의 언어의 기초다.

　Por ke lingvo internacia povu bone kaj regule progresadi kaj por ke ĝi havu plenan certecon, ke ĝi neniam disfalos kaj ia facilanima paŝo de ĝiaj amikoj estontaj ne detruos la laborojn de ĝiaj amikoj estintaj, ― estas plej necesa antaŭ ĉio unu kondiĉo: la ekzistado de klare difinita, neniam tuŝebla kaj neniam ŝanĝebla Fundamento de la lingvo.

　국가가 강대하고 영예로우려면 전 국민이 개인의 변 덕에 의존하는 대신 명료하며 확실하고, 정부와 민중에 같게 적용되고, 아무도 사적인 의견에 따라 마음대로 바꾸거나 더할 수 없는 헌법만을 항상 따라야 한다. 마찬가지로 우리의 사업이 올바르게 진행되려면 모든 에스페란티스토들이 어떤 개인이 아니라 명료하게 정의된 문서에 의존하여야 한다는 사실을 확신하여야 한다.

즉, 에스페란토의 안정을 위하여 에스페란토의 기본적 구조 및 어휘를 절대 불변으로 고정한다. 이에 대하여, 머리말은 기초를 국가의 헌법에 비유한다.

Por ke ia regno estu forta kaj glora kaj povu sane disvolviĝadi, estas necese, ke ĉiu regnano sciu, ke li neniam dependos de la kapricoj de tiu aŭ alia persono, sed devas obei ĉiam nur klarajn, tute difinitajn fundamentajn leĝojn de sia lando, kiuj estas egale devigaj por la regantoj kaj regatoj kaj en kiuj neniu havas la rajton fari arbitre laŭ persona bontrovo ian ŝanĝon aŭ aldonon. Tiel same por ke nia afero bone progresadu, estas necese, ke ĉiu esperantisto havu la plenan certecon, ke leĝodonanto por li ĉiam estos ne ia persono, sed ia klare difinita verko.

단, 기초는 에스페란토 전체를 절대 불변으로 정의하지 않는다. 기초 머리말에 따르면, 에스페란토의 어휘와 규정은 다음 조건 아래 수정될 수 있다.

만약 "강대국들"(plej ĉefaj regnoj)이 에스페란토를 받아들여 법으로 에스페란토를 보호한다면, 이러한 나라들 정부가 임명한 위원회에서 필요한 수정안을 고려할 수 있다. (기초 머리말1) 이는 장래에 에스페란토의 미래가 법적으로 보장된다면 더는 언어의 안녕을 위하여 언어에 대하여 보수적일 필요가 줄기 때문이다. 물론 이 구절은 현재까지 순수히 가상적이다.

이 밖에도, 어떤 "의논의 여지가 없을 정도로 만인에게 그 권위를 인정받는 기관"(por ĉiuj aŭtoritata kaj nedisputebla institucio)이 기초를 수정할 수 있다 (기초 머리말3). 이러한 수정 사항은 "공식 부록"(Oficiala Aldono)이라는 이름으로 출판된다. (기초 머리말7) 단, 이럴 때 이전에 사용되었던 어휘 및 문법을 폐지할 수는 없으며, 대신 새로운 대체 어휘 및 문법을 제정할 수 있다. (기초 머리말8) 이러한 권위 있는 기관은 곧 1905년 8월 제1차 세계 에스페란토 대회에 "언어 위원회"(Lingva Komitato)란 이름으로 설립되는데, 이는 오늘날 에스페란토 학술회의 모태다. 기존 어휘 및 문법 규정을 대체할 수 있어도 폐지할 수는 없음은 기존 문학의 가치 및 가독성을 유지하기 위함이다.

에스페란토 권위자들의 조언을 받아 신조어를 도입할 수 있다. (기초 머리말7) 신조어는 기초에 포함되지 않은 개념에 대하여서만 만들 수 있다. (불로뉴 선언 4조) 신조어 이는 문학이나 지인에 대한 서간 등에만 사용하고, 모르는 사람에게 보내는 편지에는 신조어를 피하는 것이 좋다. (기초 머리말7) 단, 이러한 신조어가 위의 "권위를 인정받는 기관"에 의하여 공식화된다면 마음대로 사용할 수 있다. 이는 신조어에 의한 혼란을 방지하기 위함이다.

에스페란토 16가지 기본 문법

1. 부정관사는 존재하지 않고 정관사만 존재하는데,
그것은 'La'이다.
(관사의 용법은 다른 말에 있어서와 같다.
관사를 사용함에 어려움이 있는 사람들은
시작 단계에서는 전혀 쓰지 않아도 좋다.)

2. 명사는 어미 '-o'를 가진다. 복수를 만들 때는 '-j'
를 덧붙인다.
격은 2가지만 있으며, 그것은 주격과 목적격이다.
목적격은 주격에다 어미 '-n' 을 붙임으로써 만든다.
이 두 격 이외의 다른 격들은 전치사의 도움으로 나
타낸다. (소유격은 'de', 여격은 'al', 탈격은 'per' 또
는 그 의미에 따라 다른 전치사로)

3. 형용사는 어미 '-a'로 끝난다. 격과 수는 명사에서
와 한가지다.
비교급은 'pli'라는 낱말로 만들어지고, 최상급은
'plej'로 만들어진다.
비교급에 있어 접속사는 'ol'을 쓴다.

4. 기본수사(격변화 하지 않음)는 unu, du, tri,
kvar, kvin, ses, sep, ok, naux, dek, cent, mil,
몇십, 몇백 같은 말들은 수사의 단순한 집합으로 만들
어진다.

서수를 나타내기 위해 형용사의 어미를 덧붙인다.

배수를 나타내기 위해서는 '-obl-'을, 분수를 나타내기 위해서는 '-on-'을, 집합 수를 나타내기 위해서는 접미어 '-op-'를 덧붙이며, 배분을 나타내기 위해서는 'po'라는 낱말을 쓴다. 그 밖에도 명사적 수사와 부사적 수사가 쓰일 수 있다.

5. 인칭대명사 : mi, vi, li, ŝi, ĝi(물건과 짐승에 대해), ni, ili, oni.

소유 대명사는 형용사 어미를 덧붙임으로써 만든다. 격변화는 명사에서와 같다.

6. 동사는 인칭이나 수에 따라 변화하지 않는다.

동사의 형태 : 현재 시제는 어미가 '-as'; 과거 시제는 '-is'; 미래 시제는 '-os'; 조건법 어미는 '-us'; 원망법은 '-u'; 부정법은 '-i' 이다.

분사(형용사 또는 부사적 의미로) : 능동 현재는 '-ant'; 능동 과거는 '-int'; 능동 미래는 '-ont'; 수동 현재는 '-at'; 수동 과거는 '-it'; 수동 미래는 '-ot'이다.

 수동태의 모든 형태는 'esti' 동사의 상응하는 형태와 필요한 동사의 수동 분사의 도움으로 만들어진다.

수동태에 있어 전치사는 'de' 이다.

7. 부사는 -e로 끝난다. 비교급은 형용사에서와 한가지다.

8. 모든 전치사는 주격을 요구한다.

9. 모든 낱말은 그것이 쓰인 대로 읽힌다.

10. 악센트는 항상 끝에서 둘째 음절에 있다.

11. 합성어는 낱말들의 단순한 집합으로 만들어진다.
(주요한 낱말이 끝에 온다.)
문법 어미들도 독립적인 낱말로 간주한다.

12. 다른 부정어가 있을 때 'ne'라는 낱말은 쓰이지
않는다.

13. 이동의 방향을 나타내기 위해 낱말은 목적격 어미
를 취한다.

14. 모든 전치사는 한정된 그리고 변하지 않는 의미를
지니고 있다.
그러나 우리가 어떤 전치사를 쓰기는 써야겠지만 그
직접적인 뜻으로 보아 어떤 전치사를 써야 좋을지 잘
모를 때에는 전치사 'je'를 쓴다. 이 전치사 'je'는 독
립적인 뜻이 없다. 전치사 'je' 대신 전치사를 쓰지 않
고 목적격을 쓸 수도 있다.

15. 대부분 언어들에 있어, 하나의 같은 어원에서 나
온, 이른바 외래어라는 낱말들은,

에스페란토에서, 표기법만 에스페란토에 맞게 고칠 뿐 그 밖에는 변화 없이 그대로 사용된다. 그 밖의 낱말들은 에스페란토의 규칙에 따라 이 기본 어에서 만들어내는 것이 좋다.

16. 명사와 관사의 마지막 모음은 생략하고 생략부호로 대신할 수 있다.

한국 에스페란토 운동

우리나라에 에스페란토가 보급된 것은 1920년 김억(金億)에 의해 YMCA에서 공개 강습회가 개최된 것이 시초로서, 이 강습회의 강습생들을 중심으로 같은 해 조선 에스페란토협회가 창립되었고, 김억과 함께 신봉조(辛奉祚)·홍명희(洪命熹)·백남규(白南奎) 등이 초기에 많은 활약을 하였다.

김억은 1920년 발간된 『폐허(廢墟)』지의 창간호에 『La Ruino(폐허)』라는 에스페란토 창작 시를 발표하였고, 1922년 『개벽(開闢)』지에 『에스페란토 자습실』을 발표하는 등 자신의 문학 활동과 에스페란토 보급 활동을 연결하고자 노력하였다.

1923년 최초의 강습서인 『강습용 에스페란토 독본』이 신봉조에 의하여 발간되었으며, 1924년에는 조선일보에 115회에 걸쳐 에스페란토 강습란이 연재되었고, 같은 해 동아일보에는 매주 1회씩 47회에 걸쳐 에스페란토 고정란이 게재되는 등 활발한 대중 보급 활동이 전개되었다.
특히, 김억은 1930년대 중반까지 김동인의 『감자』를 비롯한 단편소설을 번역하였고, 『동아일보』와 『삼천리(三千里)』지 등에 많은 논문을 게재하였다. 1937년 홍형의(洪亨義)에 의해 순(純) 에스페란토 잡지인 『Korea Esperantisto(코리아 에스페란티스토)』가 창간되었으나, 일제의 탄압으로 곧 폐간되었다.

나비 학자인 석주명(石宙明)은 전공 논문의 내용 또는 요약을 에스페란토로 발표하여 많은 주목을 받았으며, 1947년에 『국제어 에스페란토 교과서』를 출간하였다.

1950년 6·25전쟁 이후부터 1960년대 중반까지 부산의 이재현(李在賢), 대구의 최해청(崔海淸), 홍형의, 서병택(徐丙澤), 그리고 서울의 최봉렬(崔鳳烈) 등에 의해 명맥을 유지하여 오던 활동은 1975년 한국에스페란토협회(Korea Esperanto-Asocio)가 서울에서 창립되면서 새로운 전기를 마련하였고, 이후 대학을 중심으로 학생과 일반인을 위한 보급 활동이 활발히 전개되기 시작하였다.
1976년 한무협(韓武協)에 의해 창간된 홍보지 『La Espero el Koreio(한국의 희망)』는 1994년 폐간될 때까지 123호가 발행되었으며, 이를 통하여 『메밀꽃 필 무렵』, 『백치 아다다』, 『발가락이 닮았다.』, 『제3 인간형』, 『타인의 방』 등이 에스페란토로 번역 발표되었다.

이재현에 의해 1969년에 『에스페란토-국어사전』이, 1982년에는 『국어-에스페란토 사전』이 발간되었다. 장충식(張忠植)은 1985년에 에스페란토를 단국대학교의 정규교과목으로 채택하고, 1986년에는 부설에스페란토연구소를 설립하여 에스페란토의 학문적 연구 수준을 제고(提高)하였다.

1994년 제79차 세계대회가 1,700명이 참가한 가운데 서울에서 성공리에 개최되었으며 이 때문에 한국에스페란토 운동의 위상이 국제적으로 높아졌다.

1995년에는 이종영(李種永)이 세계에스페란토협회의 회장에 취임하여 유엔과 유럽연합 등 국제기구에 의한 공식(公式) 언어로서의 채택을 위하여 노력하고 있다.

1999년에는 에스페란토로 되어 있는 시집 『La Liberpoeto』를 한국어로 번역한 『날개 없는 새』(김우선, 김여초 역)가 출판되었고, 위에 언급한 작품들 외에 『노인과 바다』, 『반지의 제왕』, 『백 년간의 고독』, 『한국 단편소설 전집』 등도 최근 에스페란토로 번역되어 출판되었다.

2002년에는 제3차 아시아대회가 서울에서 개최된 바 있으며, 한국에스페란토협회에서는 매년 여름과 겨울에 합숙 강좌를 열어 에스페란토 보급에 힘쓰고 있다.

2017년 7월 제102차 세계에스페란토대회를 유치하여 성공적으로 개최하였다.
2020년 7월 31일 협회 설립 100주년 기념행사를 코로나 19때문에 온라인으로 치렀다.

한국에스페란토협회와 서울에스페란토문화원

한국 에스페란토 협회

1920년 7월 조선 에스페란토협회가 창립되고 1976년 국제에스페란토협회(UEA) 국가지부로 가입되어 현재에 이르고 있다.
회장 : 서 진 수
주소 : 04558 서울특별시 중구 퇴계로 217, 464호(진양상가 1동)
#464, 217, Toegye-ro, Jung-gu, SEOUL, 04558, South Korea, +82-2-717-6974,
전화 : 02-717-6974(팩스 : 02-717-6975)
홈페이지 : https://www.esperanto.or.kr/
kea@esperanto.or.kr

서울 에스페란토 문화원

서울 에스페란토 문화원은 에스페란토를 보급하기 위하여 개설한 문화원으로,
원장 이중기씨가 문화원을 운영하고 있다.
위치는 서울시 중구 충무로2가(명동) 동북빌딩 601호이다.
http://esperanto.kr/

엮은이의 말

80년대 대학에서 최루탄을 맞으며 평화에 대해 고민한 나에게 찾아온 희망의 소리는 에스페란토였습니다.

에스페란토는 기본적으로 1민족 2언어주의를 지향하고 있습니다. 자국민들끼리는 자국의 언어를, 다른 언어사용 국가의 사람들과는 그 국가가 가진 정치력이나 경제력과 관계없이 동등하게 제3의 언어인 에스페란토를 사용하자는 것입니다.

서로 평등하게 의사소통하며 행복을 추구하는 새로운 이상에 기뻐하며 공부하였습니다.

마침 우리나라 최초로 1922년 당시 개벽 잡지에 연재한 김억의 에스페란토 강습자료를 보았으나 책으로 나오지 않아, 그 뜻을 살리고 요즘에 맞는 내용으로 보충해 에스페란토에 대한 이해와 함께 학습에 도움이 되고자 감히 에스페란토 수업이란 제목을 더해 출판하게 되었습니다.

출판을 한 뒤에 많은 오타를 발견하여 수정을 거쳐 이번에 새롭게 찍었습니다.

많은 분이 이 정신에 함께하며 전 세계에서 이런 꿈을 가지고 힘쓰는 사람들의 글을 읽고 그 나라의 문화를 이해하고 세계인의 삶이 풍요로워지고 아울러 세상에 평화를 끼치고 행복을 누리시길 소망합니다.

진달래 출판사 대표 오태영
(Mateno, 평생 회원)